저는 수능을 포기하고
한 달에 4천만 원을 버는 고3입니다

# 저는 수능을 포기하고
# 한 달에
# 4천만 원을 버는
# 고3입니다

김고딩 지음

든해

# 1년 반 사이에
# 기적이 일어났습니다

미성년자로 보내는 마지막 10월인 2024년 10월, 저는 월 순수익 4천만 원을 달성했습니다.

물론 이 수익이 평균이 되려면 훨씬 많은 노력을 해야겠지만, 그래도 4천만 원이 넘는 금액을 순수익으로 벌었다는 사실이 참 믿기지 않고 얼떨떨하지만 교복을 입고 만들었다는데 큰 의의를 두고 있습니다.

스스로의 인생에 잊히지 않는 하나의 큰 이정표를 세

| | 과면세 구분 | |
|---|---|---|
| 부가세 신고기간 | 과세매출금액 | 면세매출금액 |
| 합계 | 41,550,000 | 0 |
| 2024.10 | 41,550,000 | 0 |

조회결과 ⓘ

월별 내역

운 느낌이랄까요.

그리고 현재는, 그리고 현재는, 고등학교에 다니면서 적게는 월 수익 100만 원부터 위에 보여드렸듯 4천만 원까지 벌기도 합니다.

불과 1년 반 전만 하더라도 학원에서 7등급을 받으며 열등감을 느끼던 학생이었던 제가,

이제는 감사하게, 제가 노력한대로 성과가 나오는 삶에 대해 조금이나마 이해하고 배우게 됐습니다.

저는 주변 사람들에게 항상 이렇게 말하곤 했습니다.

"난 무조건 월 천만 원을 벌 거야. 내가 한 말은 반드시 지키고 꼭 이뤄낼 거야."

그러면 늘 돌아오는 반응은 이랬습니다.

"월 천만 원을 어떻게 벌어? 너 지금 6개월 동안 한 달에 5만 원 벌기도 힘들잖아." "천만 원은 무슨, 100만 원도 버는 게 쉽지 않겠다 ㅋㅋ"

하지만 결국 제 말은 현실이 되었습니다. 물론 운도 따랐지만, 운만으로는 이 자리에 오를 수 없었습니다. 첫 사업이었고, 고등학생으로서 매일 8시부터 4시까지 학교에 다니던 상황이었습니다.

그런데도 어떻게 저는 제 사업을 성공시킬 수 있었을까요?

제가 생각하는 가장 큰 이유는 단 하나였습니다.

바로 실행력입니다.

수학에 공식이 있고 요리에 레시피가 있듯이, 사업에도 어느 정도 통하는 공식이 존재합니다. 자기계발서나 경영 책을 많이 읽어 보신 분들이라면 이 정도 설명만으로도 충분히 이해하실 겁니다. 그 공식은 특별하거나 엄청난 비밀이 아니었습니다. 그저 '일단 한 번 해보는 것'이었습니다.

종종 사람들이 제게 사업을 어떻게 성공시킬 수 있었는지 묻곤 합니다. 저는 그때마다 항상 이렇게 대답합니다.

"별거 없습니다. 그냥 하다 보니 되었습니다."

저는 머리가 좋지도 않았고, 가진 것도 많지 않았습니다. 무엇보다도, 저에겐 더 이상 물러설 곳이 없었습니다. 그래서 그냥 무식하게 실행에 옮겼습니다. 그리고 2년이 지난 지금, 그 방법이 맞았다는 것을 확신합니다. 사업을 성공시키는 가장 확실한 공식은 바로 실행력입니다.

이제부터 그렇게 평범했던, 아니 어쩌면 열등했던 제 인생에서 어떻게 미성년자 신분으로 대한민국 상위 1%의 소득을 만들어냈는지에 대한 과정을 낱낱이 공개하려 합니다.

진짜 부를 오래 유지하신 분들에 비해 엄청난 인사이트가 있지도 않겠고, '이 책을 통해 인생을 180도 바꿀만한 획기적인 실용적인 팁이 있다!' 라고 단언할 수도 없습니다.

다만, '이렇게 어린 친구도 이토록 열심히 살았구나. 나도 더 열심히 해봐야겠다.'라는 동기부여는 드릴 수 있을 거 같습니다.

　'에이, 뭐야. 제목 보고 샀는데 별로네.'라며 먼지 뽀얀 책장 위에 방치되어 있는 책이 되지 않도록, 많이 애써서 썼습니다.

　이 책을 집어든 여러분께 다시 한 번 감사하다는 말씀 드립니다.

김고딩

CONTENTS

## 1부 16살 소년, 온라인 사업을 시작하다

**6부 김고딩이 마지막으로 전하고 싶은 메시지**

# 10대 후반,
# 사업을 시작하고 처음으로
# 순수익 4천만 원을 찍다.

"258만 원이 입금되었습니다"

제가 물건을 판매하는 플랫폼에서 문자가 왔습니다. 주말 동안 놀이공원도 가고 PC방도 가면서 벌어들인 매출입니다.

어린 시절, 명품을 입고 다니는 형들을 부러워했습니다. 아니, 더 나아가 금수저 집안의 아이들을 부러워했습니다. 저는 평범한 집안, 아니, 정확히 말하자면 중산층 가정에서 자랐습니다.

저희 부모님은 작은 사업을 하셨습니다. 부모님이 사업을 하시다 보니 자연스럽게 대출 이야기를 자주 하셨고, 그 이야기를 엿듣던 저는 돈에 대한 결핍을 항상 느꼈던 거 같습니다.

지금 생각해보면, 사업자에게 대출은 어쩌면 당연한 일이지만, 어렸을 적의 저에게 대출은 마치 깡패 형님들이 와서 빨간 딱지를 붙이고 집을 부수며 쫓겨나는 일로 느껴졌습니다.

그렇게 돈에 대한 결핍이 커져갔고, 그 감정 속에서 약 10년의 시간이 흘렀습니다. 그리고 지금 저는 정말 운이 좋게도, 고3의 나이에 순수익으로 4천만 원이 넘는 돈을 버는 경험을 했습니다. 지난달에는 처음 보는 남성분과의 미팅 후, 감사하다며 100만 원을 받기도 했습니다.

저는 어떻게 이런 삶을 살게 되었을까요?

특별한 노하우가 있었던 것은 아닙니다. 단지 저에겐 물러설 곳이 없었을 뿐입니다.

처음 사업을 시작했을 당시 부모님부터 친구, 그리고

선생님까지 반대가 많았습니다.

"군대 갔다 와서 해라" "대학교는 졸업하고 해라, 늦지 않았다" "그냥 평범하게 취업해. 그러다가 망하면 어쩌려고?"

그때의 저는 제대로 반박하지 못했지만, 끝까지 말을 듣지 않았습니다. 일단 해보고 싶었거든요. 그리고 지금은 이렇게 반박할 수 있습니다.

'군대 갔다 와서 한다고요? 이미 늦었습니다.'

'대학교 졸업 후에 하라고요? 그것도 늦었습니다.'

'평범하게 취업하라고요? 저는 싫습니다.'

이 글만 봐도 제가 얼마나 고집 센 사람인지 아실 수 있을 겁니다. 그런데 만약 제가 군대를 갔다 와서 성인이 된 후 사업을 하겠다고 했더라면, 정말 할 수 있었을까요? 대학교를 졸업하고 남들이 취업 준비할 때, 제가 홀로 사업을 할 수 있었을까요? 그때도 분명히 그때만의 이유로 미루지 않았을까요?

어떻게 그렇게 어린 나이에 사업을 하기로 결정했는지 묻는 분들이 많습니다.

제가 사업을 시작한 이유는 자유와 책임이었습니다.

사업을 통해 제 인생에 자유를 줄 수 있다고 생각했습니다. 스스로에게 자유를 줄 수 있는 직업은 사업가뿐이라 생각했습니다. 그리고 그 자유를 통해 제가 사랑하는 사람들을 지키고, 책임질 수 있다고 믿었습니다.

책을 쓴 이유는 별 거 없습니다. 하나는 인정받고 싶은 명예욕이고, 또 하나는 누군가의 삶을 바꿀 수 있는 작은 용기가 될 수 있기 때문입니다. 지금도 저는 사람들에게 소소하게 도움을 준 대가로, 너무나 커다란 고마움과 감사를 받습니다. 사업 초보자분들을 도울 때면 항상 제 과거가 생각이 나곤 합니다.

저 또한 힘들게 사업을 일으켰으며, 유지도 쉽지 않았고 성장은 더더욱 쉽지 않았습니다. 그럴 때마다 저에게 도움을 주었던 많은 인연들이 있었습니다. 지금도 종종 연락하면서 지내곤 합니다. 누구나 아프고 힘든 과거를 가지고 있기 마련입니다. 저는 사업 초보자분들을 도울 때 제 과거를 종종 마주합니다. 저 또한 제 과거의 고통이 어땠는지 알기에 초보자분들을 쉽게 못 지나칩니다. 저는 이 책을 통해 많은 분을 돕고 싶었습니다. 그래서 몇 자 적었습니다.

성공을 꿈꾸는 여러분에게 조심스레 이런 말씀을 드리고 싶습니다.

여러분의 인생은 얼만큼 중요한가요? 질문이 잘못되었나 싶을 정도로 모두가 자신의 인생에는 진심인 것 같습니다. 노력하는 과정과 크기는 각기 다를 수 있지만, 모두가 자신의 인생만큼은 진심이죠. 저도 제 인생에 진심인만큼 성공에 간절했습니다. 저에게 성공은 곧 선물 같은 것이었으니까요.

성공이 간절했던 과거의 저에게 이 말을 꼭 해주고 싶습니다.

'지금 가고 있는 그 길이 잘못되었을 수도 있다.' 사실이 말은 그동안의 제 인생을 부정하는 말이기도 합니다. 하지만 이 말은 과거의 저뿐만 아니라 저와 같은 꿈을 꾸는 여러분에게도 꼭 드리고 싶은 말입니다.

저는 종종 사람들에게 이렇게 묻습니다. "꿈이 무엇인

가요? 여러분이 원하는 진로와 여러분이 원하는 삶은 무엇인가요?" 이렇게 두 가지를 여쭤봅니다. 이유는 간단합니다. 스스로 원하는 진로와 스스로 원하는 삶이 상반되는 경우가 많기 때문입니다.

이 책은 사업의 꿈을 가지고 있지만 아직 자신의 길을 찾지 못한 사람들을 위한 책입니다. 그래서 이 책은 위로의 말보다는 제가 느낀 감정을 그대로 전달하려고 썼습니다.

'여러분이 진정 원하는 삶은 무엇인가요? 그리고 그 삶을 살기 위해서는 무엇을 해야 하나요?' 저는 이 두 가지만 알아도 흔들리지 않고 굳건하게 나아갈 수 있다고 믿습니다.

제가 느낀 바로는 이 세상에서의 경제적 성공은 선택이 아니라 필수입니다. 돈이 있다면 행복을 선택할 수도 있고 자유를 선택할 수도 있으며, 명예 혹은 쾌락과 도파민을 선택할 수도 있습니다.

자본주의 사회에서 경제적으로 성공하지 않는 것은 스스로 파멸을 기다리는 것과 다름없다고 생각합니다.

변화는 때로는 목숨을 걸어야 할 정도로 어렵습니다. 그러나 변화하지 않는다면 결국 남아 있는 것은 파멸뿐이라고 믿습니다.

★

# 1부

# 16살 소년,
# 온라인 사업을
# 시작하다

# **1**

# **16살 소년이 온라인 사업을 시작하게 된 이유**

제가 사업을 시작한 이유는 간단했습니다. 특별한 재능이 없었기 때문입니다. 저는 공부도 잘하지 못했고, 운동도 특출나게 잘하지 못했습니다. 학원을 다니며 7등급이라는 성적은 도저히 제게 용납할 수 없는 수준이었고, 집안이 금수저도 아니었기에 빠르게 현실을 직시할 수 있었습니다. 제가 학업에 적합한 길이 아니라는 것을 깨달은 때는 고등학교 1학년 첫 중간고사였습니다.

그때 저는 스스로 학업에 나름 열심히 임했다고 생각했던 것 같습니다. 지금 생각해보면 그건 그저 '쇼'에 불과했습니다. 그것은 진정한 노력이 아니었습니다. 하지만 그 당시 저는 어쩌면 빨리 학업에서 도피하고 싶어 그런 결정을 내렸던 것 같습니다.

첫 시험을 보고 결과를 마주한 저는 어떤 기분이었을까요? 설렘 반, 두려움 반이었습니다.

"엄마, 나 공부했는데 이거 밖에 안 나왔어. 나 학업은 아닌가 봐. 내 인생은 내가 정해서 살고 싶어."

그렇게 몇 주에서 몇 달 동안 부모님을 설득했고, 부업으로 사업을 하기로 결정했습니다. 사업을 처음 시작할 때는 정말 막막했습니다. 어떤 사업을 해야 할지, 아니, 어디서부터 어떻게 시작해야 할지 전혀 몰랐기 때문입니다. 아니, 정확히 말하자면 정보가 너무 많아서 정보의 홍수 속으로 빨려 들어간 느낌이었습니다.

제 첫 사업은 기억조차 나지 않습니다.

# 2025학년도 대학수학능력시험 성적통지표

| 수험번호 | 성 명 | | 생년월일 | 성 별 | 출신고교 (반 또는 졸업 연도) | | |
|---|---|---|---|---|---|---|---|
| 31010618 | 김주혁 | | 06.12.10. | 남 | 야탑고등학교 (3) | | |
| 영 역 | 한국사 | 국어 | 수학 | 영어 | 탐구 | | 제2외국어 /한문 |
| 선택과목 | | 화법과 작문 | 확률과 통계 | | 생활과 윤리 | 한국지리 | - |
| 표준점수 | | 60 | 71 | | 37 | 39 | |
| 백 분 위 | | 2 | 8 | | 9 | 15 | |
| 등 급 | 8 | 9 | 8 | 8 | 8 | 7 | - |

★유의사항★ 본 성적통지표는 성적을 통지하기 위한 용도이며, 다른 용도(성적 증명 등)로는 사용할 수 없습니다.

2024. 12. 06.

한 국 교 육 과 정 평 가 원 장

▲ 수능을 포기한 김고딩의 수능 성적표

당근마켓에서 코스프레 옷을 사서 대여 서비스도 했고, 당근마켓에서 책을 무료로 받아 도서관 대여 서비스에 납품하기도 했으며, 동네를 돌아다니며 괜찮아 보이는 가전제품을 사서 되팔기도 했습니다. 진입장벽이 낮고 돈이 될 만한 아이템들은 모두 시도했습니다.

하지만 그 시도했던 모든 아이템은 제게 수익을 안겨주지 못했습니다. 참 막막했던 그때, 저는 어떻게 포기하지 않고 사업을 지속할 수 있었을까요?

## 2

# 내가 중학교 때로 돌아간다면
# 반드시 할 1가지

과거가 그리운 적, 누구나 한 번쯤 있었을 겁니다. 저도 종종 그런 생각이 들곤 하죠. 만약 제가 중학교 때로 돌아간다면, 반드시 할 일은 단 하나입니다. 바로 사업입니다. 초등학교 때로 돌아간다 해도 저는 무조건 사업을 선택했을 겁니다.

사업은 결국 '확률 게임'입니다. 아무리 똑똑하고 경험이 많은 사람이라도 새로운 시도를 하면 망할 수 있습니다. 그 점을 꼭 기억해야 합니다. 초보 사업가가 성공하는 방법은 계속 도전하는 것밖에 없습니다. 사업은 확률 게임이니까, 계속 시도만 하면 됩니다. 이 말이 무책임하게 들릴 수도 있겠지만, 사실 이것만큼 책임 있는 말도 없습니다. 공은 계속 날아오니까요. 한 번 쳐보세요. 맞지 않더라도 계속 휘두르면 됩니다.

저도 계속해서 배트를 휘두르며 돈을 많이 잃기도 했고, 멘탈이 부서지기도 했습니다. 하지만 한 번 제대로 맞은 공은 저에게 중요한 감을 잡게 해줬습니다. 그 후로는 가끔씩 홈런을 치며 꾸준한 수익을 만들어내곤 했습니다.

그리고 한 가지 더 꼭 했을 일이 있습니다. 용돈을 모아서 자산 시장에 투자하는 겁니다. S&P500의 평균 수익률로 계산해보니, 중학교 1학년 때부터 고등학교 3학년인 지금까지 매달 30만 원씩 투자했다면, 지금쯤 자산이 4천만 원쯤 됐을 겁니다. 제가 깨달은 건 '좋은 기업에 최대한 빨리, 최대한 많이 투자하는 사람이 승자'라는 점입니다. 그때부터 사업과 투자를 시작했더라면 지금 얼마나 더 성장했을까 후회가 되기도 합니다.

하지만 지금이라도 늦지 않았습니다. 저는 이제 제 길을 깨달았으니, 계속해서 성장하고 싶을 뿐입니다. 성장은 언제나 고통을 동반하지만, 시간이 지나면 감정은 사라지고 결과만 남습니다. 감정에 휘둘리지 않고, 결과를 놓치지 않길 바랍니다.

# 내가 고등학교를 다니면서
# 수천만 원을 벌 수 있었던 방법

솔직히 이 챕터는 제가 경험했던 것을 자랑하고 싶은, 어쩌면 유치한 마음에서 출발했을지도 모릅니다. 이 이야기를 들으면 어떤 생각이 드실까요? "말도 안 돼, 거짓말이겠지!" 아니면, "그냥 자랑하려는 거 아냐?"라고 생각하셨나요? 혹은, "와, 나도 배우고 싶다. 어떻게 하면 성공할 수 있을까?"라는 생각이 드셨나요? 사실, 사람들은 대개 첫 번째 부정적인 감정이 먼저 찾아옵니다. 하지만 그런 생각이 들더라도 그 감정을 쫓아내는 것이 좋습니다. 그런 부정적인 생각은 아무런 이득도 가져다 주지 않아요. 바뀌는 건 아무것도 없고, 단지 마음만 더 무거워질 뿐이죠.

이 책을 읽고 있는 여러분도 아마 더 나은 삶을 위해서, 혹은 인생을 바꾸고 싶은 열망이 있어서 책을 읽고 있을 거라고 생각합니다. 그렇다면 저와 함께 가능성을 탐구해 보셨으면 좋겠습니다. 여러분은 충분히 해낼 수 있는 사람입니다. 부족한 저도, 어린 저도 했잖아요. 계속 시도해보는 것만이 새로운 기회를 열어주더라고요.

제가 학교에 다니면서 수천만 원을 벌 수 있었던 방법은 아주 간단합니다. 바로 '사업'이었죠. 물론 제가 의사나 변호사 같은 전문직이었다면, 어느 정도 비슷한 수익을 낼 수 있었겠지만, 여기에는 중요한 차이가 있습니다. 전문직은 '자신의 시간을 판매하는 일'입니다. 결국에는 자신의 시간과 능력을 직접 투입해야만 그만큼의 돈을 벌 수 있는 구조죠. 일을 멈추면 수익도 끊어진다는 게 바로 그 점입니다.

그렇다면 제가 선택한 '사업'은 무엇이 다를까요? 제가 일하지 않아도 돈이 들어오는 구조, 이것이 사업의 본질입니다. 일을 하지 않아도 꾸준히 수익이 발생하는 시스템을 만들어 놓는 것, 바로 이게 사업의 가장 큰 장점입니다. 시간을 투자하지 않아도 수익을 낼 수 있는 구조를 만들어내는 것, 그게 핵심이었어요.

## 내가 선택한 사업의 구조와 원칙

### 1. 시간 대신 시스템에 투자한다.

많은 사람들이 "시간이 곧 돈"이라고 말합니다. 저는 제가 가진 최대의 자산인 시간을, 시스템을 만드는 데 모두 투자했습니다. 초반에는 정말 시간이 많이 걸렸습니다. 하지만 그 시간은 일회성 수익을 위한 것이 아니라, 지속적인 수익을 창출할 수 있는 기반을 다지는 시간이었습니다.

### 2. 자동화된 수익 구조 만들기

처음에는 모든 일을 직접 해야만 했습니다. 밤새서 일하고, 실패도 많이 겪었죠. 하지만 시간이 지나면서 점점 자동화할 수 있는 것들을 찾아내기 시작했습니다. 저의 사업은 이제 제가 잠을 자고 있을 때도 돌아갑니다. 시간이 흐르면서, 저 없이도 굴러가는 구조를 완성할 수 있었습니다. 그때의 노력이 지금의 저를 자유롭게 만들어주었습니다.

## 3. 고정 지출을 최소화하고, 유동 지출을 극대화한다.

사업을 처음 시작했을 때 저는 매달 고정적으로 나가는 비용을 최소화하려고 했습니다. 왜냐하면, 고정 비용이 크면 클수록 수익이 나지 않을 때 부담이 너무 컸기 때문이죠. 대신 필요한 만큼만 지출하는 유동 비용을 최대한 활용해 초기 자본을 절약하면서 사업을 확장해 나갔습니다.

## 4. 리스크 관리: 꾸준히 도전하되, 한 번의 실패에 흔들리지 않는다.

사업은 언제나 성공할 수 없습니다. 저도 많은 돈을 날려봤고, 실패도 했습니다. 하지만 그 과정에서 깨달은 점은 하나입니다. 실패는 성공의 필수 요소라는 것이죠. 계속 시도하고 도전할 용기가 결국에는 성공을 만들어냅니다. 중요한 것은 실패를 두려워하지 않고, 실패에서 배우는 태도를 가지는 것입니다.

## 강제 노동이 아닌, 자유로운 수익 구조

여기서 중요한 질문을 하나 던져봅니다. 당신은 어떤 삶을 원하나요? 일을 하지 않으면 수익이 끊기는 삶을 원하시나요, 아니면 일을 하지 않아도 지속적으로 수익이 들어오는 삶을 원하시나요?

저는 후자의 삶을 선택했습니다. 물론 처음에는 정말 고생이 많았습니다. 잠도 줄여가며 일하고, 여러 번 실패도 겪었죠. 하지만 사업을 통해 시스템을 구축하고, 그 시스템이 저를 대신해 일을 하기 시작하면서 비로소 저는 자유로운 수익을 얻게 되었습니다.

마지막으로 중요한 사실은, 가능성을 믿고 계속 도전하는 것입니다. 아까도 말씀드렸듯, 지는 중학교 시절로 다시 돌아간다면 무조건 '빨리' 사업을 선택할 겁니다. 사업은 단순히 돈을 버는 수단이 아닙니다. 자신의 시간과

★

자원을 스스로가 선택할 수 있게 만들어주는 '자유'를 부여 받는 길입니다. 지금 이 글을 읽고 있는 여러분도, 한번 도전해보세요. 충분히 할 수 있습니다. 그렇게 한 걸음 한 걸음 나아가면, 어느 순간 여러분도 여러분이 원하는 삶에 가까워져 있을 거예요.

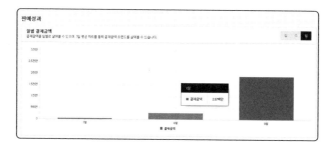

▲ 7월, 8월, 9월 성과

# 17살 소년이 지독하게
# '돈돈' 거릴 수밖에 없었던 이유

사실 저는 돈을 미친듯이 숭배하진 않습니다. 다만 '돈이 없으면 안 된다'는 강박이 있는 것 같습니다.(비슷한 말인 거 같지만..) 위에 작성한 것과 같이 집에서는 가끔씩 대출 이야기가 나왔습니다. 그래서 그 결핍이 조금씩 생겼습니다. 처음 사업을 시작할 당시에는 원대한 목표를 가지고 시작하지 않았습니다. 그저 용돈벌이만 조금 소소하게 하고 싶었습니다. 고등학교를 다니면서 사업을 성공

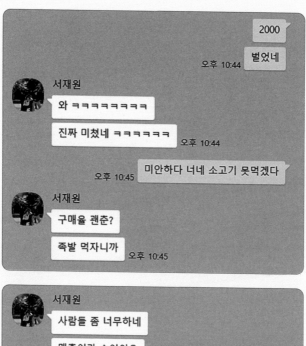

2000

벌었네

오후 10:44

**서재원**

와 ㅋㅋㅋㅋㅋㅋㅋ

진짜 미쳤네 ㅋㅋㅋㅋㅋ

오후 10:44

미안하다 너네 소고기 못먹겠다

오후 10:45

**서재원**

구매율 괜춘?

족발 먹자니까

오후 10:45

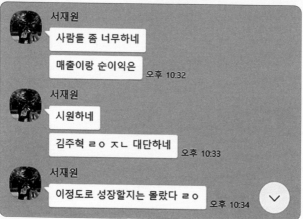

**서재원**

사람들 좀 너무하네

매출이랑 순이익은

오후 10:32

**서재원**

시원하네

김주혁 ㄹㅇ ㅈㄴ 대단하네

오후 10:33

**서재원**

이정도로 성장할지는 몰랐다 ㄹㅇ

오후 10:34

▲ 유의미한 순수익을 달성한 후 친구와 나눈 카톡

을 시킬 수 있을 거라고는 상상도 못했으니까요.

　7개월간 하루하루 모든 시간을 사업에 쏟아부어도 한 달에 5만 원~10만 원밖에 벌지 못했습니다. 하지만, 모든 성공은 시행착오 속에서 선물로 오듯이 7개월간 시행착오 끝에 8월 여름부터 성과가 나왔습니다.


　고등학생이라는 신분으로 단순 용돈만 벌 마음으로 시작한 사업 수익이 100이 되고 1000이 되기 시작했습니다.

　돈을 벌면서 가장 빠르게 느꼈던 감정은 만족감과 안주였습니다. 그 순간에 만족하고 안주하니 사업은 더 이상 성장하지 않았습니다. 그래서 사업을 성공시키겠다는 목표를 만들고 난 뒤, 절대로 현재에 만족하지 않고 안주하지 않겠다는 생각을 1순위로 하게 됐습니다. 현재의 순간에 만족하지 않는 방법은, 지금의 상황에 대해서 결핍을 느끼는 방법 뿐입니다. 이미 충분한 돈을 벌고 있다 하더라도, 스스로 부족하다고 생각하고 이 돈으로는 아무것도 지키지 못한다는 생각을 머리에 의도적으로 계속

★

집어넣었습니다.

결핍을 계속 의도적으로 머리에 집어넣으니, 비로소 현실이 보이고 과거의 저는 그저 우물 안 개구리였다는 인지가 됐습니다. 고작 몇 천만 원 벌었다고 인생이 바뀐다고, 소중한 것을 지킬 수 있다고 생각했으니 엄청난 과오였던 것 같습니다.

조금씩 성장하며 현실을 직시했고 결핍이 깊어진 지금에서야 저는, 이제 돈이 없으면 아무것도 지키지 못한다는 것을 깨달았습니다. 돈을 벌어야 합니다. 돈에 미쳐야 한다고 생각합니다. 사람은 누구나, 있는 그대로 충분히 가치가 있다는 말도 있습니다. 저의 생각은 조금 다릅니다.

저는 제가 생각하는 '성공'의 기준에 미치지 못했을 과거에는, 생산성이 없는 NPC에 불과했다고 스스로를 정의합니다.

아니, 정확하게 말하면 자본주의 세상에서 자본이라는 능력이 없는 무의미한 존재였을지도 모릅니다.

이런 생각이 모여서 저는 어떻게 되었을까요? 주저앉

고 현실에 순응했을까요? 남들에게 제 화를 표출했을까요? 아닙니다. 결핍이 생겼습니다. 한번 생긴 결핍은 쉽게 없어지지 않았습니다. 결핍이 없어지는 방법은 그 상황에서 성장하는 것뿐입니다. 그래서 그 상황에서 성장만 갈구했습니다.

그렇게 성장했습니다. 결핍이 없어진 성장은 어떨까요? 결핍이 없어진 성장은 독기가 없습니다. 그냥 자기만족으로 하는 성장이었던 것 같습니다. 그래서 전 항상 결핍을 더 깊이 가지려고 노력 중입니다. 그래서 결국 지금은 지독하게 '돈돈' 거릴 수밖에 없습니다. 지금 상황에서는 사업 말고는 이제 남아있는 것이 없으니 그때와 같이 계속 의도적으로 제 상황에서 1순위만 집착하게 되는 것 같습니다.

★

# 돈을 벌고 난 뒤
# 모든 게 달라졌습니다

돈을 벌고 나니, 모든 게 변했습니다. 처음에는 그저 용돈 벌이 정도만 기대했지만, 매출이 폭발적으로 증가했습니다. 학원에서 늘 낮은 성적으로 고통받던 저는 이제 완전히 다른 삶을 살고 있습니다.

학교라는 작은 사회에서는 '공부 잘하는 친구들이 세상을 바꾼다'는 말이 지배적이었고, 저는 늘 열등감에 시달렸습니다.

하지만 저는 그 열등감을 가만히 둘 수 없었습니다. 남들과는 다른 길을 걷겠다는 작은 불씨가 가슴 속에 피어 올랐고, 결국 저는 사업을 하기로 결심했습니다. 이 결심을 주변에 이야기했을 때, 반응은 차가웠습니다. 부모님도 친구들도 모두 저를 말렸던 기억이 지금도 생생합니다.

"사업? 네가? 실패할 거야." "대학이나 가. 사업은 나중에 해도 늦지 않아."

그 말들이 틀리지 않았을지도 모릅니다. 세상은 대부분 '대학이 성공의 길'이라 말하며, 그 길을 따르지 않으면 실패자 취급을 하니까요. 하지만 제 안의 작은 결심은 큰 불꽃으로 변했습니다. '정말 성공할 수 있을까?'라는 의문은 금세 '한번 해보자'는 결심으로 바뀌었죠.

무시당하고 비웃음을 견뎠습니다.

처음 사업을 시작했을 때, 주변의 반응은 여전히 냉소적이었습니다. 사람들은 저를 비웃으며 '봐, 못할 줄 알았어'라는 눈빛을 보냈죠. 그 속에서도 저는 포기하지 않았습니다. 그리고 8개월이 지난 어느 날, 매출이 드디어 폭발적으로 오르기 시작했습니다. 사업은 조금씩 성장하는 게 아니라, 어느 순간 급격히 변한다는 것을 깨달았습니다.

매출이 급상승하자, 사람들의 반응도 달라졌습니다. 저를 무시하던 이들이 이제는 성공한 사람으로 보더군요. '사업은 안 돼'라던 사람들이 이제는 '될 놈이었다'며 저를 인정했습니다.

매출이 나오자, 사람들의 태도는 완전히 바뀌었습니다. 한때 아무도 관심 없던 '그저 그런 학생'이었던 제가 이제는 전혀 다르게 보였겠죠.

지금은 오히려 그들이 저에게 묻습니다.

"사업은 어떻게 해야 성공할 수 있어?" "인생의 방향은 어떻게 잡아야 할까?" "투자는 어떻게 해야 해?"

예전에는 아무도 저에게 진로에 대해 묻지 않았습니다. 그런데 이제는 사람들이 자신의 인생에서 가장 중요한 문제들을 제게 물어봅니다. 억울하지는 않습니다. 세상은 원래 그런 것이고, 저는 그 변화를 받아들였으니까요.

저는 사업을 시작하고 난 뒤 비로소 자유를 얻게 됐습

니다.

　돈을 벌기 전에는 모든 것을 남의 지시에 따르는 게 당연했습니다. 학교나 학원의 틀에 맞춰 살아야 했습니다. 하지만 돈을 벌고 나니 모든 게 달라졌습니다. 이제는 스스로 결정할 힘이 생긴 거죠. 자유란 하고 싶은 것을 할 수 있을 뿐 아니라, 원하지 않을 때 멈출 수 있는 힘이기도 합니다. 이제 저는 그 자유를 손에 넣었습니다.

　그리고 무엇보다도, 돈을 벌 수 있는 방법을 알게 되었습니다. 예전에는 대학을 가고 좋은 직장을 얻어야만 돈을 벌 수 있다고 생각했지만, 지금은 다릅니다. 돈을 벌 수 있는 방법은 정말 많고, 기회는 찾기만 하면 된다는 걸 깨달았죠.

# 수능 안 보고 대학 안 가면
# 후회할 거라고요? 천만에요

수많은 사람이 저에게 말했습니다.

"수능을 안 보면 나중에 후회할 거야." "대학은 꼭 가야 해."

그 말들을 계속 듣다 보니 저도 잠시 흔들렸습니다. 하지만 지금은 확실히 말할 수 있습니다. 대학을 안 간 결정을 전혀 후회하지 않는다고요. 저는 일찍 꿈을 찾았고, 그 꿈을 이루기 위해 대학이 필요 없다는 결론을 내렸습니다.

저는 대학 대신 다양한 경험을 쌓기로 했고, 그 선택은 옳았습니다. 사업을 통해 얻은 경험은 학교에서는 절대 배울 수 없는 것들이었으니까요. 사람들은 '나중에 후회할 거야'라고 말했지만, 저는 확신합니다. 제 선택을 믿고 그 길을 걸어왔기 때문에 후회가 없을 거라는 걸요. (설령 성과가 없었더라도 후회하지 않을 겁니다.)

결국, 끝까지 자신의 길을 가는 게 중요합니다. 저는 자신의 길을 믿는 것이 얼마나 중요한지 몸소 느꼈습니다. 주위에서 수많은 반대와 조언이 있더라도, 결국 가장 중요한 것은 자신이 믿는 길을 끝까지 가는 것입니다. 그 길에서 실패할 수도 있고, 좌절할 수도 있지만, 그 과정에서 얻는 것들이야말로 가장 큰 자산이 됩니다.

사람들은 끊임없이 여러분의 선택에 대해 왈가왈부할 것입니다. "이렇게 해야 해, 저렇게 해야 해." 하지만 그들의 말에 흔들리지 않고 자신의 선택을 믿고 끝까지 나아가는 것, 그것이 제가 어린 나이에 작은 성과를 이룰 수 있었던 비결입니다.

★

미성년자가 사업을 한다고 했더니 정말 하나같이 모두가 반대했습니다. 가장 많았던 의견은 이거였습니다. '학생의 본분은 공부를 하기 위함이다. 사업은 대학을 가고 나서 해라' 이런 의견이 정말 다수였다보니 힘이 쭉 빠졌습니다. 선생님, 부모님, 친구들 등 제 주변 대부분이 반대했다고 생각하시면 됩니다.

하지만 저는 그런 반대를 무릅쓰고 제 길을 정했고, 그 길을 향해 나아갔습니다. 어차피 그분들께서 제 인생을 책임지지 않을 것이라는 생각이 있었기 때문입니다. 그리고 그 생각은 꽤나 많이 맞아 떨어진 것 같습니다. 사업에서 성과가 나오기 시작하니, 사업을 시작할 때 하셨던 분들께서 조금씩 의견을 바꾸셨으니까요.

저는, 누군가에게는 한창 부족한 핏덩이에 불과하겠고, 또 누군가에게는 조금 일찍 길을 찾은 선배일수도 있겠죠. 운이 좋게도 자신의 길을 일찍 찾고 또 일찍 걸어간 사람의 입장에서 한마디 하고 싶습니다. '수많은 반대가 있더라도 자신이 옳다고 생각하는 그 길은 그저 우직하게 밀고 나가셨으면 좋겠습니다.'

자, 그럼 서론은 이 정도로 마무리하고 우리, 돈 버는 이야기를 해볼까요?

★

# 2부

# 16살 소년의 우당탕탕 사업 성장기

# 부모님 말씀 안 듣고
# 사업자 등록증부터 발급한
# 고등학교 1학년

부모님의 대학을 가라는 말에 반대를 하며, 4개월간 생떼를 부리기 시작했습니다. '엄마 난 사업을 할 거야! 학업으로는 글러먹었어..'

그리고 드디어, 공부를 하며 부업으로 사업을 한다는 조건으로 사업을 허락을 받았습니다. 그렇게 미성년자의 사업 일기가 시작되었습니다. 사실, 미성년자가 혼자 힘으로 첫 사업을 성공시키는 것은 결코 쉬운 일이 아닙니다.

( 1 / 1 )

# 사업자등록증명
( 간이과세자 - 세금계산서 발급사업자 )

| 발급번호 | | 처리기간 |
|---|---|---|
| | | 즉 시 |

| 상 호 ( 법 인 명 ) | 돈버는새싹 |
|---|---|
| 사 업 자 등 록 번 호 | |
| 성 명 ( 대 표 자 ) | |
| 대 표 유 형 | |
| 주 민 ( 법 인 ) 등 록 번 호 | 06 |
| 사 업 장 소 재 지 | |
| 개 업 일 | 2022년 12월 27일 |
| 사 업 자 등 록 일 | 2022년 12월 30일 |
| 업 태 | 도매 및 소매업/서비스업 |
| 종 목 | 전자상거래 소매업/서적,학습지 판매 |

| 공 동 사 업 자 | 성명(법인명) | 주민(사업자)등록번호 |
|---|---|---|
| | 해당 사항이 없습니다. | |

위와 같이 증명합니다.

※ 위 내용은 발급일 현재 상황으로서 추후 변경될 수 있습니다.

| 접 수 번 호 | |
|---|---|
| 담 당 부 서 | 민원봉사실 |
| 담 당 자 | |
| 연 락 처 | 031-219-9226 |

2024년 9월 11일

# 분당세무서장

* 본 증명서는 정부24에서 발급된 증명서로 문서하단의 바코드로 진위확인이 가능하며, 국세청 홈택스(home tax.go.kr)에서도
  문서발급번호로 90일간 진위확인을 하실 수 있습니다.

▲ 부모님을 설득해 처음 냈던 사업자등록증

왜냐하면 절차가 너무 복잡하기 때문입니다. 대부분의 과정에서 부모님의 동의서, 가족관계증명서, 인감증명서 등 여러 가지 서류가 필요하기 때문이죠. 하지만 고등학교 1학년이었던 김주혁은 이런 사실을 전혀 알지 못했습니다. 복잡한 절차에 대한 이해 없이 그저, 고집 하나로 사업자 등록증을 발급받았던 거죠.

절차 또한 복잡하지만 가장 큰 방해요소는 단연코 주변인들이라 할 수 있겠습니다. 모두가 반대하며 다 똑같은 말을 합니다. '취업하라고, 대학가라고, 하다가 사업 망하면 끝이라고' 그런 말을 계속 들으니 '저들은 세뇌당했나? 아니면 내가 이상한건가?' 등 꽤나 묘한 감정을 자주 느꼈습니다.

사업자 등록증을 받자마자 구상해 두었던 온라인 판매를 시작했습니다. 잠자는 시간만 빼고는 밥을 먹으면서도, 쉬는 시간에도, 거의 모든 시간에 사업 관련 유튜브 영상을 찾아봤던 기억이 납니다. 어떤 사람은 A 전략을 사용하라고 하고, 또 다른 사람은 B 전략을 추천했습니다. 아니, 심지어 어떤 사람은 A와 B 모두 틀렸다며 자신에게서 C 전략을 배우라고 강의를 팔기도 했습니다. 정말 정신없고 혼란스러웠습니다. 정보가 너무 많아서 어떤 것이 옳은지, 그리고 저에게 적합한 전략인지 알 수가 없었습니다. 결국, 그들이 하라는 전략은 전부 다 시도해봤습니다.

그렇게 약 8개월간 하루하루 정말 열심히 했지만 한 달 평균 5만 원에서 15만 원 벌었습니다. 단순 용돈벌이로만 취급하면 그렇게 최악은 아니었습니다. 다만 시간이 지나면서 남들은 학업을 통해 자신의 목표에 다가가지만 저 혼자 사업에서 정체되고 있다는 사실이 저에게는 꽤나 큰 압박으로 다가왔습니다. 열심히 했습니다. 그 상황을 벗어나기 위해 꽤 열심히 했습니다. 하지만 항상 똑같이 하루 5,000~10,000원을 벌어서는 절대 제 자신을 만족시킬 수 없었습니다. 분명히 절대적으로 보면 성장하고 있었지만 상대적으로 보면 전 계속해서, 하루하루 꾸준하게 퇴보하고 있었던 것입니다. 그 상황이 저를 정말 미치게 했습니다. 뒤가 없었기에, 배수의 진을 칠 수

밖에 없었기에, 애초에 저에게 사업을 시작하고 포기라
는 선택지는 없었기에 너무나 불안했습니다.

# 17살에 첫 번째 사업을
# 말아먹고 느낀 교훈

저는 사업을 하면서 꾸준히 승승장구했던 적이 별로 없습니다. 온라인 사업이 그렇듯, 하루하루 노력하다가 어느 날 매출이 빵 뛰기도 하고, 또 어느 날 갑자기 폭삭 가라앉기도 합니다.

23년 8월, 여름방학을 기점으로 제 사업은 매출이 급격히 상승하기 시작했습니다. 1월부터 8월까지 꾸준히 사업을 이어갔지만 하루 수익은 5천 원에서 많아야 1만

▲ 과감하게 사입했던 아이스 조끼

원 정도였습니다. 그런데 어디서 나온 자신감인지 모르겠지만, 저는 무작정 월세 44만 원의 1인 사무실을 임대했습니다. 그리고 또다시 그 자신감에 이끌려 아이스 조끼를 과감하게 사입(상거래를 목적으로 물건 따위를 사들이는 행위)했습니다.

일어나면 밥 먹고 카페 혹은 사무실로 출근했습니다. 약 8개월간 마음이 너무 지쳤던 것 같습니다. 그 지친 마음의 도피처는 강의였습니다. 그해 여름, 저는 '건강기능식품' 카테고리 관련 강의를 수강했습니다. '이번에는 매출이 나왔으면 좋겠다, 제발...' 이라는 생각이 제 머릿속을 지배했습니다. 그간 사업을 하면서 크고 작은 실수와 실패를 했기에 전체적인 흐름은 알고 있었습니다.

건강기능식품 카테고리 강의를 수강한 후 강사가 하라는 대로 따라하며, 큰 불안함과 압박감에 못 이겨 강의를 들으며 눈물이 났던 기억이 납니다. 제 유튜브 알고리즘은 '20살인데 월 1000 벌어요', '사업 시작한 지 2개월만에 월 3000 벌어요' 등 자극적인 썸네일이 넘쳐났고,

★

이로 인해 억울함과 동시에 강한 욕망이 생겼습니다. 계속 강의를 듣고 따라 하길 반복하다가, 8월 말에 건강기능식품 첫 주문이 들어왔습니다.

그 날은 그저 똑같은 하루였습니다. 집에서 의자에 앉아 똑같이 정보를 수집하던 날이었습니다. 아무런 주문도 없는 스토어에 습관처럼 접속했을 때, '신규주문 1건'이라는 알림을 보았습니다. 처음엔 제가 잘못 본 줄 알았습니다. 혹시 지인이나 가족이 구매해준 건 아닐까 하고 구매자를 확인했지만, 처음 보는 이름과 주소였습니다. 정말 너무 기뻤습니다. 아니, '기쁘다'는 표현으로는 부족한 감격의 순간이었습니다. 다시 생각해보면 사업을 하면서 그때가 가장 큰 성취감이었던 것 같습니다. 그 주문은 단순히 주문 1건이 아니라 그동안의 시행착오를 증명해주는, '너의 길이 틀리지 않았다'는 메시지와 같았습니다. 얼마나 기뻤던지 방 안에서 소리 지르고 침대를 뛰어다니며 벽에 머리까지 박았을 정도로 큰 순간이었습니다. 그 뒤론 부모님께 전화를 걸어 아들에게 첫 주문이 들어왔다고 자랑했습니다.

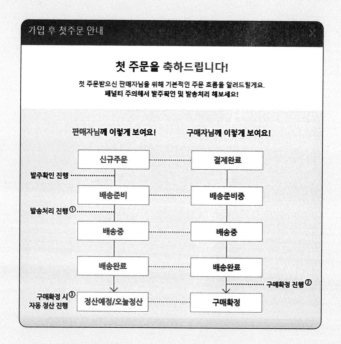

▲ 인생 첫 주문이 들어오던 날

7월에 50만 원이던 매출은 첫 주문이 들어온 8월에 극적으로 300만 원으로 성장했습니다. 9월 매출은 약 1,900만 원으로 껑충 뛰었고, 10월에는 2,900만 원의 매출을 찍었습니다. 12월, 즉 2023년 마지막 달의 매출은 약 3,900만 원, 순수익은 1,050만 원을 기록했습니다. 고등학교 2학년 치고는 꽤 많은 돈을 벌어들인 것입니다. 사업을 시작할 때 월 순수익 1,000만 원을 꼭 벌고 싶었고, 이 말을 주변 지인들에게 하면 모두가 부정적이었습니다. '어렵다', '월 1,000이 개 이름이냐', '절대 못한다' 등 모두가 안 된다고 했지만 저는 목표를 결국 이뤘습니다.

24년 1월 1일 새벽, 아마 저는 이때를 평생 잊지 못할 겁니다. 12월에는 일부러 매출과 수익 계산을 하지 않았습니다. 그저 하루하루 열심히 달렸습니다. 그리고 2024년 1월 1일 새벽, 2023년 12월 1일부터 12월 31일까지의 정확한 수익을 계산했습니다. 그리고 '1,050만 원'이라는 결과가 나왔죠. 기적이 아니라고는 설명할 수 없는, 제게는 의미가 정말 큰 날이었습니다. 기뻤습니다. 단

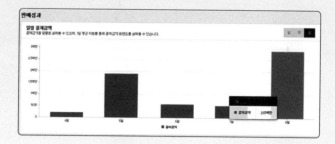

▲ 23년 4월부터 8월까지 네이버 매출입니다.

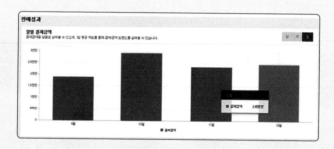

▲ 23년 9월부터 12월까지 네이버 매출입니다.

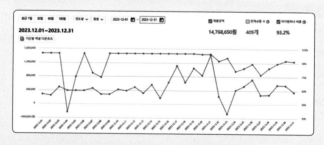

▲ 23년 12월 쿠팡 매출입니다.

순히 1,000만 원을 벌어서 기쁜 것이 아니라 그동안의 고를 인정받은 것 같아, 그리고 제가 겪었던 시련이 헛되지 않았다는 느낌에 기뻤습니다. 부모님께, 그리고 친구들에게 이 소식을 전했을 때 울컥하기도 했던 것 같습니다. 다음 날 아침, 그제서야 큰 압박감을 내려놓았습니다. 아니, 정확히 말하면 포용한 것일 수 있습니다. 멍하니 아무도 없는 집 거실에서 천장을 보거나 누워서 허공을 바라보며 한참을 보냈습니다.

하지만 행복은 결코 오래 가지 않았습니다.

월 1,000만 원을 벌고 약 2주 뒤, 제 모든 사업체가 하루아침에 날아갔습니다. 말아먹었던 실제 이유는 '위탁 판매'에 있었습니다. 짧게 설명하면 제 상품을 도매 사이트가 아닌 네이버 최저가에서 사왔던 것이 문제였습니다. 그 당시에는 이게 문제가 될 것이라는 걸 전혀 알지 못했습니다. 찾아보니 개인정보 보호법에 위반된 사항이었습니다. 명백히 제 잘못이었습니다. 그렇게 월 수익 1,000만 원을 벌던 사업체는 하루아침에 월 수익 50만 원으로 대폭 줄어들었습니다.

하지만 저는 괜찮았습니다. 사업체를 말아먹는 것은 분명히 큰 실패입니다. 그러나 마음고생은 전혀 하지 않았습니다. 판매 정지를 먹은 것을 확인한 후 처음 들었던 생각은 '음, 아쉽다. 그래도 하나 배워갔으니 됐네'였습니다. 매출이 나오지 않을 때는 그렇게 불안했지만, 사업체가 무너졌을 때는 정말 평온했습니다. 그간 시련을 통해 저는, 저 스스로를 확신했으니까요. "다시 0원에서 시작해도 월 수익 1,000? 금방 찍는다' 라는 근거 있는 자신감이 생겼습니다.

그 실패 속에서 제가 뼈저리게 느꼈던 것은 '절대 만족하지 말고 안주하지 말자'입니다. 회사는 사장의 크기 이상으로 성장하지 못한다는 것을 다시 한번 배웠습니다.

# 고등학생인 내가
# 사업을 하며
# 느낀 3가지 과정

고등학생 사업가인 제가 겪은 과정들 중에서 기억에 남는 과정들을 3개 적어보도록 하겠습니다.

1. 대부분의 사람이 무시하고 조롱한다.
2. 사업에서 성과가 나오면 목적을 가지고 접근하는 사람들이 생긴다.
3. 무시와 조롱을 하는 사람들이 이제는 열등감을 느끼며 질

**투와 비난을 하기 시작한다.**

제가 겪은 대부분의 과정은 모두 인간관계와 연관이 있던 것 같습니다. 제가 사업을 하면서 힘들었던 과정은 모두 인간관계에서 비롯한 고민이었지, 사업이 망해서 힘들었던 기억은 별로 없습니다. 그래도 재미있었던 것은 주변 사람들의 반응과 평판이 바뀌는 모습을 지켜보는 일이었습니다. 저도 처음 알았습니다. 1년 전과 지금의 저는 똑같은 말투, 똑같은 표정을 지으며 똑같이 생활하는데, 고작 사업으로 성과가 나왔다고 태도가 정반대로 바뀌는 것이 참 재미있었습니다. 현실감각이 없는 학생에서 야망이 큰 학생으로 평판이 바뀌는 것은 정말 한순간인 것 같습니다.

사업을 키우다 보면 정말 다양한 곳에서 공격이 들어옵니다. 모든 공격에 대해 방어를 준비하지 못한 제 문제도 있지만 '이런 이유로 공격을 한다고?' 하는 경우도 참 많았습니다. 그리고 누군가에게는 신뢰와 믿음을 받습니다. 이것은 참 양날의 검인 것 같습니다. 저 또한 누군가의 신뢰를 많이 받으면서 자존감이 많이 올라갔지만, 그만큼 어깨가 무거워지는 경험도 자주 했습니다. 사업에서 성과가 조금씩 나오면서 아주 노골적으로 접근하는 부류도 정말 많이 봤습니다. 요즘에는 저의 안부보다 저의 사업 안부를 묻는 인사가 더 많아졌습니다. 당연히 예상했지만 조금은 서운하긴 합니다.

# 이것저것 돈 된다고
# 다 하지 말고, 우선
# 한 가지에서 성과를 내세요

한 가지에 집중하는 것이 얼마나 중요한지 저는 사업을 하며 몸소 깨달았습니다. 두 마리 토끼를 쫓다 보면 둘 다 놓치는 경험, 저도 했거든요. 그리고 이 교훈은 여러 상황에 적용될 수 있습니다.

사업을 제대로 시작하기 전에 저는 정말 다양한 돈벌이를 시도해봤습니다. 번개장터에서 코스프레 의류를 구매 후, 대여하는 사업도 해봤고, 구글 블로그를 운영하거나 인스타그램과 유튜브를 짧게나마 시도했습니다. 집 앞 주차장의 쓰레기장에서 가전제품을 주워다 판매해보기도 했고, 당근마켓에서 무료로 책을 얻어와 도서관에 대여 후 돈을 받는 사업도 해봤죠. 심지어 음악을 만들어 저작권료를 받으려는 시도까지 했습니다. 하지만 그 많고 다양한 사업에서 저는 수익을 내지 못했습니다. 지금 생각해보면 그 이유는 지극히 당연합니다. 하나에 집중하지 않았으니, 성과가 나올 리가 없었던 거죠.

그렇게 다양한 시도를 해본 후, 저는 앞으로 온라인 사업에만 집중하기로 결심했습니다. 하지만 여전히 쉽지 않았습니다. 8개월 동안 하루 5,000원도 벌지 못했죠. 매일 본업처럼 시간을 투자했지만 성과는 없었습니다. 그 과정에서 정치 유튜브를 해볼까, 투자 공부나 해볼까 하는 생각도 들었지만, 포기하겠다는 생각은 한 번도 하지 않았습니다. 사업 외에는 남아있는 선택지가 없었기에 포기할 수 없었습니다. 힘들었지만, 그 배수의 진 덕분에 빠르게 성장할 수 있었습니다. 그 당시에는 뚜렷한 성과가 없었기에 더욱 불안했습니다. '정말 될까?' '내가 과연

할 수 있을까?' 같은 생각들이 저를 괴롭혔죠. 그래도 포기하지 않았습니다. 아니, 정확히 말하면 포기할 수 없었습니다.

그때는 독기보다는 불안감이 더 컸습니다. 그래서 "이거 하나는 월 몇 백 정도 벌 수 있는 사업체로 만들자"라는 마음으로 사업을 시작했습니다. 동기라기보다는 일종의 보험처럼 생각했던 거죠. 그렇게 마음을 먹고 지금 하고 있는 온라인 판매에 집중하기 시작했습니다. 하지만 집중한다고 해서 하루아침에 달라지는 건 없었습니다. 불안감과 압박감이 저를 지배했죠. 오히려 불안함이 더 커졌던 것 같습니다. 그렇게 8개월을 버텨내고 나니 마침내 꽃을 피웠습니다. 그간 버텨왔던 시간이 뿌리를 내려준 셈이죠.

지금 돌이켜보면, 포기하지 않았던 것과 방향성을 틀지 않았던 것이 가장 중요했다고 느낍니다. 사업은, 매출이 폭발적으로 늘어나는 순간이 옵니다. 그때까지 버티는 게 핵심입니다. 그리고 매출이 나오니 굳이 다른 사업을 0부터 다시 시작할 이유가 없다는 것도 깨달았습니다. 이제는 기존 사업을 키우면서 연계가 가능한 사업만 확장하려고 합니다. 옛날처럼 당근마켓에서 물건을 사서 재판매하거나, 음악으로 저작권 수익을 노리는 일을 할 생각은 전혀 없습니다.

한 가지에서 성과를 내니, 그 경험이 쌓여 다른 무엇을 해도 성과를 내기가 수월해졌습니다. A를 하다가 안된다고 B를 하고 싶다면, 그것이 도피인지 아닌지 스스로 판단하는 것도 중요합니다. 결국, 중요한 것은 한 가지에 집중하고 끝까지 버텨내는 것입니다.

# 사람과 제품은
# 인정받는 곳으로 가야합니다

사람과 제품은 인정받는 곳으로 가야 한다는 생각이 듭니다. 제 경험을 이야기해보겠습니다. 사람은 각자 장단점이 있고, 그에 따른 특징이 있죠. 요리를 잘하는 사람은 요리사들 모임에서 인정받지만, 아무리 요리를 잘해도 축구선수들 사이에서는 그 가치를 인정받기 어렵습니다. 축구선수들에게는 요리를 잘 하는 것보다 축구를 잘 하는 게 훨씬 더 중요하니까요.

제품도 마찬가지입니다. 한 번 생각해보세요. 제가 선풍기를 판다고 가정해보겠습니다. 그런데 그 선풍기를 남극에서 판매한다면 과연 팔릴까요? 물론 쉽지 않겠죠. 제품이나 사람 모두 인정받는 곳으로 가야 그 가치를 극대화할 수 있다고 생각합니다. 저도 사업을 처음 시작할 때는 많이 부족했습니다. 학교라는 작은 울타리 안에서 저는 학업이든 운동이든, 혹은 특별한 비전이든 그 어디에서도 눈에 띄지 않았습니다. 그래서 스스로 인정받지 못한다고 느낀 시간이 많았어요. 혼자 있는 시간이 늘어났고, 그 시간 동안 자아성찰을 많이 했습니다. 사실 그 시간이 없었다면 지금의 저도 없었을 겁니다. 물론 외롭고 힘들었지만, 그 시간을 통해 성장할 수 있었죠. 그런데 제품은 다릅니다. 제품은 자아성찰을 할 시간이 없잖아요? 제품은 팔릴 곳에서 팔아야 그 가치를 인정받습니다. 그래서 제품을 판매할 때는 타깃을 찾는 것이 무엇보다 중요하다고 느꼈습니다. 타깃은 한정적이에요. 불특정 다수에게 판매하는 것이 더 낫다고 생각할 수 있겠지만, 제 경험상 그건 큰 오해였습니다. 구매하는 사람의 비율은 이미 정해져 있습니다. 그래서 구매 가능성이 높은 타 깃에게 집중해서 비싸게 판매하는 것이 훨씬 더 현명한 방법이었죠. 예를 들어, 100명의 아저씨들에게 방탄소년 단이 직접 베고 잔 베개를 판매하는 것보다, BTS의 열렬 한 팬인 극한의 아미들에게 비싸게 판매하는 것이 훨씬 더 나은 선택입니다. 저는 이런 경험을 통해, 가장 적합한 사람들에게 집중해서 제품을 판매하는 것이 얼마나 중요 한지 깨달았습니다.

남극에서 선풍기를 판다면 어떨까요?

# 저는 이렇게
# 사업아이템을 찾았습니다

사업 아이템을 찾는 방법은 생각보다 간단합니다. 사람들이 불편함을 느끼는 모든 것이 사업 아이템이 될 수 있거든요. 그 불편을 느끼는 사람들이 많을수록, 그리고 불편함이 클수록 그 아이템은 더 돈이 됩니다. 여름철에는 선풍기가, 겨울철에는 손난로가 많이 팔리는 이유도 이와 같습니다. 만약 온라인 사업을 고민하고 있다면, 이 방법을 추천합니다. 사람들이 일상에서 불편함을 느끼는

★

문제를 해결할 수 있는 아이템을 찾아보세요.

제가 사업을 하면서 배운 건, 타깃을 명확하게 설정하고, 그들이 모여 있는 곳에서 내 제품을 홍보하는 것이 중요하다는 점입니다. 사람들이 불편해하는 부분을 해결해 줄 제품을 찾고, 그 제품을 필요로 하는 사람들을 대상으로 집중적으로 마케팅을 펼치는 것이죠. 이 방법은 제가 경험해본 바로 정말 효과적이었습니다.

그리고 요즘 숏츠나 릴스(1분 이내의 짧은 영상)는 정말 돈이 됩니다. 사람들이 릴스를 통해 많은 제품을 발견하고 구매하죠. 유행하는 춤을 추라는 말이 아닙니다. 동영상을 통해 제품을 자연스럽게 홍보하는 것이 중요하다는 말입니다. 인스타그램 계정에서 릴스를 계속 내려보면 제품을 소개하는 영상들이 나올 때가 있습니다. 그때까지 스크롤을 멈추지 말고, 계속 내려보세요.

영상이 떡상한 이유를 깊이 분석할 필요도 없습니다. 대부분의 영상이 초반 3초 이내에서 시청자를 잡기 때문에, 떡상한 영상의 초반 3~5초를 그대로 활용해서 자신의 영상에 추가하는 것도 방법입니다. 그리고 터질 때까지 계속 올리는 것이 중요합니다. 저도 해봤지만, 언젠가는 반드시 터집니다.

결국 중요한 것은 지속적인 시도와 개선입니다.

▲ 터질 때까지 시도했던 인스타그램 릴스

# 목표를 이루기 위해
# 전 이렇게 했습니다

목표를 이루지 못하는 이유는 복잡하게 느껴질 수 있지만, 사실은 단순합니다. 그 목표가 우선순위가 아니었기 때문입니다. 누구나 한 번쯤 목표를 이루지 못한 경험이 있죠. 저 역시 그런 경험을 했습니다. 그럴 때마다 스스로에게 물어봤어요. "이 목표가 정말 내 인생에서 가장 중요한 1순위였을까?" 솔직하게 답하기가 쉽지 않더군요. 우리는 종종 환경이나 관계 때문에 목표를 이루지 못했다고 생각하지만, 결국 제가 부족해서, 간절히 원하지 않아서 이루지 못한 거였습니다.

그럼 목표를 이루기 위해서는 어떻게 해야 할까요? 혹시 "원씽"이라는 책을 읽어보셨나요? 이 책의 핵심은 매우 단순합니다. "한 가지에만 집중하라." 정말 이게 다예요. 목표를 이루려면 여러 가지를 동시에 하기보다는, 한 가지에 집중해야 한다는 겁니다.

하지만 제 경험상, 한 가지에 집중하는 것보다 중요한 건 '배제'입니다. '배제'라는 말은 받아들이지 않고 물리친다는 뜻이지만, 제가 생각하는 배제는 조금 다릅니다. "목표에 도움이 되지 않는 모든 것을 제외한다." 이게 제 방식이었어요.

연애도 하고, 술도 마시고, 게임까지 하면서 성공을 꿈꾸는 건 솔직히 어렵습니다. 그런 분들이 있다는 것을 알고는 정말 놀랐습니다. 제가 경험한 성공의 가장 기본은 배제였습니다.

결국 저는 불필요한 것들을 하나씩 배제하고, 한정된 에너지를 정말 중요한 곳에 집중하게 됐습니다. 다시 한

번 강조하지만, 두 마리 토끼를 쫓으면 결국 두 마리 다 놓치기 쉽습니다. 손에 쥔 것을 내려놓아야 새로운 것을 손에 쥘 수 있습니다.

▲ 평일 새벽, 늦게까지 거실에서 일을 하는 모습

# 제가 그토록 경제적 자유에
# 집착했던 이유는 이겁니다

경제적 자유는 누구에게나 다르게 해석될 수 있습니다. 어떤 사람은 100억 자산가가 되는 것이, 또 다른 사람은 일을 하지 않아도 월 300만 원의 자동 수익이 들어오는 것이 경제적 자유라고 생각하죠. 저 역시 경제적 자유에 대한 제 나름의 기준이 있습니다. 제가 생각하는 경제적 자유는 일하지 않고도 월 수익 3,000만 원을 얻는 것입니다.

"경제적 자유를 되찾는다"라는 말은 마치 우리가 경제적 자유를 누군가에게 뺏긴 것처럼 들리지만, 사실 아무도 우리의 경제적 자유를 뺏은 적은 없어요. 단지 우리가 아직 그 자유를 가지지 못했을 뿐이죠. 그런데 많은 사람들이 이 현실을 받아들이면서, 그냥 현재에 순응하며 살아가고 있습니다.

그런 생각을 할 때마다 정말 짜증이 나요. 기득권들은 자신들의 방식대로 우리를 조종하며 살아가죠. 우리는 일을 하지만, 돈은 저들이 가져가고 좋은 음식, 좋은 차, 좋은 집에서 살아갑니다. 저들은 당연하게 누리는 것을 우리는 쉽게 누리지 못합니다. 이런 불균형이 지속되면 결국엔 어떤 결과가 나올까요? 수명 연장과 같은 혜택도 그들만의 몫이 되는 겁니다.

얼마 전 소름 돋는 뉴스를 봤습니다. 암 환자들이 고통 없이 암세포를 제거할 수 있는 새로운 수술법이 나왔다는 소식이었어요. 정말 좋은 뉴스죠. 그런데 문득 의문이 들었습니다. 그 수술은 누구나 받을 수 있을까요? 암 환자들에게는 하루하루가 중요한데, 정말 부자들이 더 빨리 수

술 받을 수 있는 시스템이 보이지 않는 곳에서 만들어지지 않았을까요? 세상은 늘 그렇게 돌아갑니다.

이 모든 것을 생각하면서 "자본주의를 제대로 이해하고 있는가?"라는 질문이 머릿속에 떠올랐어요. '자본주의를 정말 이해했다면, 왜 지금 돈을 벌 궁리를 하지 않는 걸까?'라는 생각요.

정치인들도 표를 받지 못하면 공약을 내세울 필요가 없고, 학교 선생님들도 월급을 받지 않으면 우리를 가르치지 않을 겁니다. 의사 선생님들도 마찬가지입니다. 세상은 돈에 의해 돌아갑니다.

그럼 경제적 자유를 어떻게 이룰 수 있을까요? 사실 방법은 간단해요. 내가 일을 하지 않아도 돈이 들어오는 구조를 만드는 것입니다. 지금 인생에서 방황하고 있는 청소년들이나 사회 초년생들이라면, 지금 연애나 취미, 자유가 중요한 게 아닙니다. 이 시기에 먼저 자본소득을 1순위로 둬야 한다는 생각을 합니다. 온라인 사업을 하든, 배당주를 사든, 부동산을 매매하든 무엇이든 시작해야 합니다. 한 살이라도 어릴 때 자본소득을 만들어 두는

★

게 가장 중요합니다.

　우리가 일해서 버는 노동소득은 절대 자본소득을 이길 수 없어요. 그리고 한 살이라도 어릴 때 만든 자본소득은 경쟁자들과의 차이를 10년 이상 벌리게 만들어줍니다.

　이 글을 읽는 여러분이 꼭 자본소득을 1순위로 두길 바랍니다.

# 현재를 버리고
# 미래를 사는 사람들의 공통점

저는 현재를 과감히 버렸습니다. 지금의 저에게 행복이
란 중요하지 않아요. 삶의 만족도나 안정감도 별로 중요
하지 않죠. 그래서 지금 저는 행복하지 않습니다. 많은 철
학자들이 "현재를 살아라"라고 말하지만, 저는 그 말을
100% 부정해요. 비범한 삶을 살고 싶다면 비범한 가치관
이 필요하다고 생각합니다. 쉽게 말하면, 미래에 성공하
고 싶다면 현재를 과감히 버릴 줄 알아야 한다는 겁니다.

정말 과감하게 버려야 합니다.

현재를 버리고 미래를 사는 사람들은 이런 4가지의 공통점이 있습니다.

첫 번째 "현재가 불행하다." 저도 마찬가지입니다. 제 삶이 누군가에게는 꿈꾸는 삶일 수도 있고, 누군가는 제 수익의 반만 벌길 간절히 바랄 수도 있겠지만, 저는 현재에 절대 만족하지 않겠다고 스스로 다짐했기에 지금의 현재는 당연히 불행합니다. 만족하지 않기에 불행하지만, 그 불만족이 저를 계속해서 채찍질을 할 수 있게 합니다.

이 말이 조금 웃길 수도 있습니다. 만족하지 않겠다고 다짐해서 불행하다고? 누군가에게는 웃음거리로 들릴 수도 있겠지만, 이것이 제 감정의 본질입니다. 사업은 만족하는 순간 무너지기 시작합니다. 그렇기에 저는 만족할 수 없습니다.

사업을 하다 보면 아주 높은 곳에 있는 사람부터 바로 위에 있는 사람까지 다양한 고수들을 만나게 됩니다. 그들이 저의 경쟁자이며, 제 주변에 그런 사람들만 생기니 자연스럽게 비교하게 되고, 그 과정에서 열등감과 더 큰 야망이 생겨납니다.

이런 마음가짐은 처음엔 저도 이해하지 못했지만, 사업이 궤도에 오른 후에야 비로소 이해하게 되었습니다.

두 번째, "목표를 제외한 모든 것을 배제한다." 이것도 저에게 해당되는 이야기입니다. 저는 묻고 싶습니다. "어떻게 그렇게 자신의 목표에 무책임할 수 있는가?" 제 주변에도 사업을 하는 고등학생 친구들이 있고, 사업이 아니더라도 자신만의 길을 갈고 닦는 친구들이 있습니다. 그 친구들은 목표를 제외한 모든 것들을 배제하며 살아갑니다. 저 역시 마찬가지입니다. 사업을 하다 보면 누군가에게 의지하고 싶기도 하고, 잠시 쉬고 싶기도 하죠. 사람들과 시간을 보내고 싶을 때도 있지만, 잔인하게 들릴지 몰라도 그런 것들조차 배제해야 한다고 생각합니다.

세 번째, "배움을 멈추지 않는다." 저는 공부가 즐겁습니다. 학교 공부는 지루했지만, 제가 선택한 진로에 관한 공부는 너무나 즐거워요. 주 7일 근무는 노력의 영역이 아니라고 생각합니다. 그건 당연한 겁니다. 주말에 강의를 들으러 가는 것? 그것도 노력의 영역이 아니에요. 미팅을 위해 왕복 2~3시간 대중교통을 이용하는 것도 마찬가지입니다.

추가 공통점 "친구가 없습니다" 하하.. 무슨 말인지 이해가 안되실 수 있습니다. 정확히는 대부분의 친구와 거리를 두게 됩니다. 가는 방향이 다르고 삶의 가치관이 다릅니다. 그렇기에 마음속을 공유할 친구가 없습니다. 오히려 다른 대표님들과의 대화가 더 재미있을 때도 많습니다.

이렇게 쓰고 나니 그리 완벽한 삶은 아닌 것 같습니다. 조금 투박한 것 같네요. 18살 핏덩이가 삶을 알긴 할까요? 미래를 위해 그냥 계속 달렸던 것 같네요. 그래도 그 투박한 과정속에서 하나 배웠습니다. 현재를 과감하게 버리지 않으면 미래는 바뀌지 않는다는 것을요.

저는 정말 간절했습니다. 그래서 "현재를 살아라"라는 말에는 동의할 수 없었어요. 저와 같은 상황에 처한 사람이라면, 그리고 정말 간절하다면 현재를 과감하게 버리고 미래를 위해 살아가야 한다고 생각합니다. 저 역시고2 여름에는 참 힘들었습니다. 사업이 빠르게 성장하면서 많은 것을 놓치고 잃었습니다. 하지만 지금 돌아보면, 그때의 저에게 해주고 싶은 말은 "고생했다. 앞으로도 고생하자"는 한마디 뿐입니다.

★

## 10

# 내 고등학교 친구들은 모르는 경제와 금리

제 고등학교 친구들과 대화를 나누다 보면, 제 친구들은 정말 똑똑하다는 생각이 듭니다. 수시 입시 전략부터 정시, 대학 진로에 이르기까지 저보다 훨씬 많은 정보를 알고 있죠. 그런데 놀랍게도 금리에 대해서는 모르는 친구들이 많습니다. 물론 저도 경제 전문가가 아니지만, 금리를 모르고 살아가는 건 마치 눈을 가리고 영화를 보는 것과 같다고 생각합니다. 그래서 이 부분에서는 친구들에게 설명하듯, 조금 더 편하게 이야기해보려고 합니다.

금리란 무엇일까요? 쉽게 말해, 은행에서 대출을 받을 때 부과되는 이자율을 말합니다. 하지만 경제를 배울 때 더 중요한 것은 개인 대출 이자율이 아니라, 중앙은행의 금리입니다. 2019년, 코로나가 터졌을 때 전 세계가 공포에 휩싸였죠. 사람들이 밖에 나가지 않고, 소비를 하지 않으니 경제는 빠르게 침체되었습니다. 사람들이 돈을 쓰지 않으니 기업들도 돈을 벌지 못했고, 기업들은 직원을 해고하기 시작했어요. 식당 사장님들도 손님이 없으니 가게를 닫기 시작했습니다. 이들은 사장인 동시에 소비자이기도 하죠. 이렇게 소비가 줄어들면서 경제는 악순환에 빠졌습니다.

이때 미국이 금리를 낮췄습니다. 즉, 대출을 받을 때 이자를 적게 받을 테니 대출을 받아서 투자도 하고 소비도 하라는 의미였어요. 금리가 낮아지니 사람들이 대출을 많이 받게 되었고, 대출을 받은 사람들은 소비도 했지만, 더 많이 한 건 자산에 대한 투자였습니다. 코로나 초기 공포로 주식과 부동산 가격이 떨어졌지만, 금리가 낮아지면서 다시 사람들이 대출을 받아 자산에 투자하기 시작한 거죠. 그래서 코로나 시기에 자산 가격이 급등한 이유 중 하나도 금리 때문입니다.

금리를 이해해야만 경제를 제대로 알 수 있고, 더 큰 시각에서 경제를 볼 수 있어요. 우리는 자본주의 사회에서 살고 있으니, 경제 공부는 선택이 아니라 생존이라고 생각합니다.

# 17살 사업가가 느낀
# 투자와 사업의 차이점

제가 느낀 투자와 사업의 차이점은 명확했습니다.

　사업은 마치 공이 날아올 때마다 계속해서 배트를 휘두르는 것과 같다고 느꼈습니다. 아니, 사실 공이 날아오지 않아도 배트를 계속 휘두르는 것이 맞다고 생각해요. 꾸준히 지속 가능한 노력으로 새로운 시도를 하는 것이 바로 사업이라고 믿습니다. 가설을 세우고, 실패를 통해 틀린 전략을 수정하거나 보완하는 과정을 반복하는 게

★

사업이죠.

이 사업 전략을 처음엔 투자에도 적용했습니다. 예를 들어, 네이버 종목 토론방에서 누군가가 "이거 좋다"고 하면 바로 매수했죠. 특히 코로나 시기, 온라인 수업을 들으면서도 주식창을 함께 열어두었어요. 수업은 한쪽에, 주식 매매창은 다른 한쪽에 띄워놓고 말이죠. 스켈핑 단타, 즉 초 단위, 분 단위로 주식을 사고파는 방식으로 중학교 2학년 때 주식을 했습니다. 하지만 솔직히 말하면, 주식 공부는 거의 하지 않았어요. 감으로 사고, 감으로 파는, 거의 도박 같은 방식이었죠.

이제 4~5년이 지난 지금은, 그때와는 달라졌습니다. 지금은 어느 정도 경제와 투자에 대한 나름의 시각이 생겼어요. 제가 느낀 중요한 교훈은 이거였습니다. "최대한 많은 돈으로 최대한 빨리 시작한 사람이 승자"라는 생각이죠. 지금은 자산을 모으는 것이 취미가 되었습니다. 아버지께 용돈을 받으면 제일 먼저 드는 생각이 "아싸! S&P 500 2개 더 살 수 있겠다"라는 생각입니다.

투자를 잘하는 것도 결국 사업을 잘하는 것과 비슷한

맥락에 있다고 생각합니다. 자본주의에서 사업가와 투자자는 그야말로 꽃이라고 할 수 있죠. 하지만 사업은 정말 큰 리스크를 감수해야 하는 길입니다. 모든 것을 쏟아부어야 하고, 결과가 나올 때까지 지속적인 노력을 기울여야 합니다. 물론 그에 따른 보상은 크지만, 언제 실패할지 모른다는 불안도 항상 따라다닙니다.

많은 사람들이 사업에 도전합니다. 하지만 그중 극소수만이 뿌리를 내리고 꽃을 피울 수 있죠. 또 그 중에서도 일부만이 계속해서 꽃을 유지하고 성장시킵니다. 대부분의 씨앗은 꽃을 피우기도 전에 사라지죠. 이 과정에서 거름과 물, 즉 노력과 전략, 그리고 운이 적절하게 지속적으로 공급되어야만 성공할 수 있습니다.

반면, 투자라는 것은 사업과는 다르게 보입니다. 저점을 찾는 것도 실력이자 노력이죠. 물론 운도 필요합니다. 하지만 투자란 다른 사람의 사업에 올라타는 것과 비슷합니다. 그 과정에서는 경험 많은 대표든, 이제 막 졸업한 고등학생이든 동일한 퍼포먼스를 낼 수 있습니다. 투자에서는 그만큼 접근성이 다르죠.

이 책은 사실 투자에 관한 책이 아닙니다. 그리고 저역시 투자의 길을 깊게 탐구해온 사람은 아닙니다. 그래서 이 부분은 "이 어린 친구의 생각은 이렇구나" 하고 넘어가 주시면 좋겠습니다.

하지만 한 가지 확실한 것은, 사업은 선택일지 몰라도 투자는 선택이 아닌 필수입니다. 그냥 하셔야 합니다. 꼭하세요. 투자를 하게 되면, 남들이 걷고 있을 때 혼자 자전거를 타고 갈 수 있는 기회가 생깁니다. 그리고 남들이 뒤늦게 자전거를 타려 하면, 우리는 이미 오토바이를 타고 있을 수 있죠. 시간이 지나고 남들이 오토바이를 탄다고요? 그때는 우리는 빛의 속도로 갈 수 있을 것입니다. 복리의 힘이 있으니까요.

투자할 수 있는 곳은 정말 다양합니다. 그 중에서 딱한 가지만 추천하자면, 저는 무조건 S&P 500입니다. S&P 500은 미국 상위 500대 기업을 묶은 주가 지수입니다. 평생 투자만 연구한 세계적인 전문가들이 500개 기업을 선별하고, 성과가 좋지 않은 기업은 S&P 500에서 자연스럽게 걸러냅니다. 역사가 이 지수를 증명해 왔고, 앞으로도 그 역사는 미래를 뒷받침해줄 거라 믿습니다. 제 투자 포트폴리오의 50%가 S&P 500에 투자되어 있는 이유이기도 합니다.

'투자는 위험하다? 투자는 하지 말아야 한다?' 이런 말을 하는 사람들은 그냥 무시하세요. 정말이지 상대할 시간도 매우 아깝습니다.

사업과 투자의 차이점을 정리하자면 이렇게 말할 수 있을 것 같습니다.

"사업은 최대한 다양한 시도를 꾸준히 이어가는 것이고, 투자는 올바른 투자처에 꾸준하게, 오래 투자하는 것"

# 자본주의의
# 본질과
# 부조리함

# 고등학생때부러 느낀
# 자본주의의 부조리함

(3부는 제가 느낀 감정을 그대로, 조금 자극적이고 또 날 것으로 글을 쓸까 합니다. 설령 읽다 불편하시다면, 바로 다음 파트로 넘어가 주시면 감사하겠습니다.)

세상이 아름답다 생각하냐고 묻는다면, 저는 아름답다고 대답하겠지만, 동시에 그 안에는 너무나도 불공평한 현실이 자리 잡고 있다고 대답할 겁니다. 이건 정치적인 문제를 이야기하려는 것이 아닙니다. 자본주의가 옳고 공산주의가 그르다는 식의 논쟁을 하려는 것도 아닙니다. 저는 그저 어떤 제도나 세상이든 모두를 만족시킬 수는 없다는 단순한 사실을 말하고 싶습니다. 사람부터 제품까지, 모두가 만족할 수 있는 무언가는 존재하지 않는다는 거죠.

한 번 생각해보세요. 만약 여러분의 어머니가 암에 걸렸다고 가정해봅시다. 그런데 그보다 훨씬 젊고 덜 아픈 누군가가, 단순히 돈이 많다는 이유만으로 더 빠르게 치료받는다면, 그게 과연 공평할까요? 현실이 그렇습니다. 돈이 있으면 치료도 더 빨리 받을 수 있는 세상입니다. 돈의 유무가 생명을 다루는 결정적인 요소가 되는 것이 지금 우리가 사는 현실입니다.

우리 주변에서 하루에도 수천 건의 사기가 일어납니다. 평생을 모은 돈을 단 한순간에 빼앗기는 사람들도 있죠. 그런데 사기꾼들은 길어야 몇 년 감옥에 갇히고, 다시 따뜻한 집으로 돌아가 배부르게 지낼 겁니다. 피해자는 모든 것을 잃었는데, 가해자는 얼마 지나지 않아 다시 편

안한 삶을 누리는 것입니다.

　이게 끝인가요? 아닙니다. 사기뿐만 아니라, 강간이
나 살인 같은 인간이 절대 저지르지 말아야 할 범죄를 저
지르고도 감형을 받는 경우가 허다합니다. 어떻게 감형
을 받을까요? 돈으로요. 돈이 있으면 법의 잣대도 휘어집
니다.

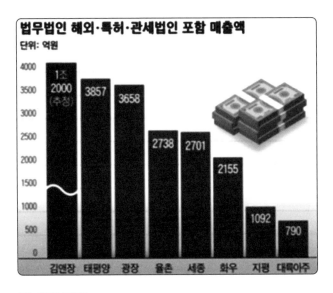

출처 : 2022년 조선비즈

법무법인을 생각해보세요. 법무법인은 반도체나 스마트폰을 파는 회사가 아닙니다. 그들이 제공하는 것은 법적 서비스입니다. 이 서비스는 매입 비용이 거의 없기에, 그들의 수익은 대부분 그대로 소득으로 남습니다. 기득권들은 자신의 형량을 줄이기 위해 엄청난 돈을 쏟아붓습니다. 1조 원 이상을 쓰는 경우도 있습니다. 이게 지금 우리가 살아가는 세상입니다. 정말 이게 공평하고 아름다운 세상이라고 생각하시나요?

또 다른 예를 들어볼까요? 사람마다 전 재산이 다른데 모두에게 1,000만 원의 벌금이 부과된다고 가정합시다. 이 벌금이 과연 공평한 처벌이라고 할 수 있을까요? 결코 그렇지 않습니다. 1,000만 원이 어떤 사람에게는 평생 모은 재산일 수 있지만, 어떤 사람에게는 별 의미 없는 돈일 수도 있습니다. 세상은 처음부터 모두에게 공평하게 설계된 적이 없습니다. 기득권들에게 유리하게 짜여진 시스템인 것이죠.

사실 우리도 이 모든 걸 알고 있습니다. 알면서도 모른 척, 애써 외면하고 있는 거죠. 우리가 그들과 동등한

★

위치에 있지 않기에, 그들을 비난하고 끌어내리려는 거 잖아요. 이제는 더 이상 끌어내리려 하지 말고, 우리가 그 자리에 올라가야 합니다. 우리가 기득권으로 올라서야 합니다.

우리에겐 그 기득권으로 올라갈 기회가 있습니다. 그 런데 왜 그 기회를 잡지 않는 것인가요? 죄를 짓지 않아 도, 언제든 누명을 쓸 수 있는 게 우리의 현실입니다. 억 울하게 누명을 쓰고 법정에 서게 되었을 때, 단지 판사 앞 에서 눈물로 호소하시겠습니까?

저는 그럴 바에는 차라리 돈을 더 모아 유능한 변호사 들을 고용하고, 누명을 벗어날 확률을 높이는 쪽을 선택 할 겁니다. 그게 우리가 이 불공평한 세상에서 살아남을 수 있는 방법이니까요.

# 스스로 깨달은 자본주의에서
# 살아남을 수 있는 마인드

이 파트가 궁금하셨다면, 정말 다행입니다. 흥미가 있다는 건, 자본주의에서 살아남는 방법을 배우고 싶다는 뜻이니까요. 자본주의에서 살아남기 위해선 자본주의를 이해하는 것부터 시작해야 합니다. 저는 지금 제 제품을 원가 대비 7.5배 이상 비싸게 팔고 있습니다. 이 제품은 영양제인데, 그럼에도 불구하고 정말 잘 팔리고 있어요. 후기도 당연히 좋고요. 제 제품으로 효과를 본 사람들은 계속 재구매를 해주니까요. 물론, 원가는 아무도 모릅니다. 제가 직접 제조한 제품이니까요.

이 이야기를 친구들에게 하면 욕을 먹습니다.

"너 사기꾼 아니냐? 어떻게 그렇게 비싸게 파냐?" "양심 없냐? 난 그런 영양제 안 먹는다 ㅋㅋ"

그러면 그렇게 생각하라죠. 저는 양심에 찔려서 앞으로 나아가지 못할 바엔, 제 우선순위에 맞게 행동하겠다는 마음입니다. 여기서 제가 말하고 싶은 건, 양심을 버리고 사기를 치라는 게 아닙니다. 아까 말했듯이, 각자 우선순위가 있잖아요. 그 우선순위에 따라 살아가면 크게 벗어나지 않는 인생을 살 수 있다는 거예요.

어떤 사업가는 최고의 제품을 최선의 가격에 제공하는 것을 목표로 삼을 수 있습니다. 예를 들어, 영양제를 최고 품질로 만들어 좋은 가격에 판매할 수도 있죠. 하지만 제가 하는 방식은 다릅니다. 강매도 아니고, 효과 없는 제품을 효과 있다고 속이는 것도 아닙니다. 제 제품을 사용한 고객들은 효과를 보고, 하루에도 수십 개의 긍정적인 후기를 남겨주고 있거든요. 그렇다면 정말 제가 사기를 치고 있는 걸까요?

자본주의에서 살아남으려면, 인간 본성의 심리학을 이해하는 것도 중요한 전략이라고 생각합니다. 사람들이 왜 나에게 접근하는지, 왜 이런 제안을 하는지, 객관적으로 생각해보면 다 이유가 보이죠. 이러한 심리를 파악하는 능력이 자본주의에서 성공하는 데 중요한 도구가 될 수 있습니다.

한 번 생각해보세요. '양심 무시력'이라는 단어를 들어본 적 있나요? 저도 처음엔 비싸게 판매하는 사람을 사기꾼이라 생각했지만, 지금은 달라졌습니다. 비싸게 팔고, 높은 마진을 남기는 건 사기가 아니라 실력이라고 봅니다.

반도체 회사에서는 직원이 암에 걸려도 공장은 계속 돌아가고, 원양어선 회사에선 직원들을 혹사시킵니다. 이런 사고들이 정말 마음 아프죠. 그런데 그 회사의 CEO들이 직원들 한 사람 한 사람의 사고에 정말 마음 아파할까요? 저는 그렇지 않다고 봅니다.

양심을 버려야만 앞으로 나아가는 건 아닙니다. 하지

만 앞으로 나아가다 보면, 양심을 잠시 무시해야 하는 순간이 옵니다. 그 순간에는 양심을 무시해야만 진짜로 나아갈 수 있죠.

그래서인지 "사람은 그릇만큼 돈을 번다"라는 말이 있는 것 같습니다. 자본주의에서 성공하려면, 때로는 양심을 무시하는 결단력이 필요하다고 느낍니다.

## 성장과 행복은
## 동반될 수 있을까요?

저는 없다고 생각합니다. 그리고 이 생각은 제가 살아오면서 단 한 번도 어긋난 적이 없습니다. 매출을 올리기 위해 목말라 있던 시절, 부자들의 이런 얘기를 자주 듣곤 했습니다. "돈을 벌어도 행복하지 않아요" 소득과 행복은 비례하지 않는다같은 이야기들을 들으면, 그때의 저는 그저 기만이라고 생각했어요. 하지만 지금 생각해보면, 그건 기만이 아니라 진심이었더군요.

성장을 하면서 행복을 느낄 수 있을까요? 성장을 즐길 수 있는 방법은 있을지 몰라도, 저는 성장하는 순간에 행복을 느껴본 적이 없습니다. 혹시 그런 경험이 있다면 저에게도 알려주세요. 제가 가서 배우고 싶습니다.

성장은 외롭고 고독합니다. 다시 말하지만, 성장은 비교를 통해 검증되는 것입니다. 정말로 성장이 행복하고 즐겁다면, 그것은 그저 자기 위안일 뿐일지도 모릅니다. 아니면 정말 엄청난 유전자를 가진 천재일 수도 있겠죠. 여러분이 만약 지금 외롭고 고독함을 느끼고 있다면 성장 중이라는 증거입니다. 축하합니다. 내일은 오늘보다 더 나은 날이 될 것입니다. 반면, 지금 행복을 느끼고 있는 여러분이라면.. 그냥 부럽습니다. 세상은 참 알 수 없는 것 같네요.

저에게 성장은 고통이었습니다. 조금 부풀려서 말하자면, 모든 성장은 고통의 순간이었습니다. 성장하는 과정에서 돈을 벌기도 하고 잃어 보기도 했으며, 사람을 만나고 잃기도 했습니다. 이런 경험들을 거치며, 제 안에 하나의 가치관이 생겼습니다. "성장과 행복은 동반될 수 없다."

저는 사업을 시작한 이후 단 한 번도 성장과 행복이 동반되었던 적이 없습니다. 그러나, 그럼에도 불구하고 제가 꿈꾸는 삶은 다릅니다

"성장과 행복이 동반되는 삶."

저는 그 꿈을 이루고 싶습니다.

★

# 세상은
# 등가교환이더라고요

'세상은 등가교환이다.'

A를 얻기 위해선 B를 잃는 것이 필연입니다. 사업을 하면서 이 공식이 한 번도 틀린 적이 없다고 느꼈습니다. 등가교환은 차갑고 잔인할 만큼 정확합니다. 그래서 제가 "성장과 행복은 동반될 수 없다"고 말한 이유도 바로 이 법칙 때문입니다. 세상은 등가교환이니까요.

여러분도 무언가를 갈망하면서 소중한 것을 잃어본

적이 있을 겁니다. 손에 쥔 것을 놓아야 새로운 것을 쥘 수 있다는 말, 정말 맞는 말이죠.

저도 평범한 고등학생이었지만, 사업을 성장시키면서 소중한 것들을 많이 잃었습니다. 가끔은 과거가 그리울 때도 있어요. 하지만 변화하지 않으면 남는 것은 분명히 파멸 뿐입니다.

지금 여러분이 피곤하고, 또 우울하며 지쳐 있을지도 모릅니다. 저 또한 마찬가지입니다. 그러나 이런 감정 뒤에는 필연적으로 성장이 다가올 겁니다. 힘든 만큼 더 성장할 겁니다. 지금 포기하면 고통만 남고, 다가올 성공은 경험하지 못하겠죠. 포기하지 말고 더 버텨냅시다. 힘든 상황에서 남은 것은 더 어려운 내일이 아니라, 더 성장한 내일입니다.

[ 번외 ]　최근 많은 친구들이 저에게 고민 상담을 합니다. 각자 자신의 방향성이나 노력에 대한 고민이죠. 저도 마찬가지고, 우리 모두 미래의 불확실함 속에서 두려움을 느끼고 있습니다. 하지만 성과는 결국 비교를 통해 결정됩니다. 포기하지

않으면 결국 여러분이 이기게 됩니다. 수능이든, 예체능 입시든, 사업이든, 그 무엇이든 간에 각자의 꿈을 응원합니다.

지금 충분히 잘 해내고 있어요. 힘든 만큼 성장한다는 말을 부정하는 사람을 저는 본 적이 없습니다. 100명 중 90명은 포기합니다. 포기하지 않으면 10%에 포함될 수 있습니다. 포기하지 않고 모두 각자가 바라는 꿈의 끝에서 만날 수 있기를 바랍니다.

★

# 13

## 정말 노력한 만큼
## 결과가 나올까요?

참 슬픈 말입니다. 정말로 노력한 만큼 결과가 나올까요?
저는 그렇게 생각하지 않습니다. 여기까지 올라오는 데
는 수많은 노력이 있었지만, 운도 엄청나게 큰 작용을 했
습니다. 수많은 사람과의 인연을 통해 성장했고, 지금도
남아 있는 인연들이 크고 작은 도움을 주며 제 시행착오
를 줄여주었습니다. 이뿐만 아니라, 시장을 빠르게 캐치
하고 선점할 수 있었죠. 시장을 빠르게 읽는 것은 저의 능

력이지만, 시장이 생성되는 건 운이었습니다.

저는 여러모로 운이 좋았습니다. 만약 제 결과가 노력만으로 이루어졌다면, 훨씬 더 많은 노력이 필요했을 겁니다. 그리고 정말 모든 사람이 노력한 만큼 결과를 가져갈 수 있을까요? 그렇다면 노동자들이 가장 큰 부를 이루어야 하는 것 아닐까요? 그럼 게으른 CEO 보다, 아침 일찍 출근해, 저녁 늦게까지 일하시는 직장인 분들이 훨씬 더 많은 돈을 벌어야 하지 않겠습니까? 뭔가 잘못된 것 같지 않나요? 그러나 세상이 잘못되었다는 걸 저도 알고 있지만, 이 잘못된 것을 싫어하지는 않습니다. 왜냐하면 불평한다고 세상이 바뀌지는 않으니까요. 아니 사실 이 세상이 저는 좋거든요.

결과를 내기 위해선 방향성을 명확하게 만들어야 합니다. 노력한 만큼만 벌 수 있는 방향이 아니라, 노력 이상의 결과를 가져올 수 있는 방향으로 나아가야 합니다. 더 나아가서는 노력을 하지 않아도 돈이 들어오는 구조를 만들어야 합니다.

세상은 애초에 공평하지 않습니다. 그런 세상에서 무

★

슨 평등을 기대할 수 있을까요? 아까 언급드렸듯 법도 돈 많은 사람들의 편을 들어줍니다. 그뿐만이 아닙니다. 우리는 모두 평등하다고 하지만, 보이지 않는 계급이 존재한다는 사실은 모두 알고 있지 않나요? 욕을 먹을 각오로 이런 자극적인 말을 하는 이유는 단 한 가지입니다. 저는 이 책을 읽는 여러분의 인생이 진심으로 바뀌길 원하니까요.

세상이 불공평하다는 걸 인정하고, 불평 대신 앞으로 나아갈 방법을 찾아야 합니다. 더 나은 방향을 찾아 나아가는 것만이 이 불공평한 세상에서 살아남는 방법이라고 생각합니다.

# 돈이 없으면
# 아무것도 못 지킨다는 걸
# 일찍 알아버렸습니다

사랑이 최고다? 행복이 최고다? 자유가 최고다? 다 좋고, 존중합니다. 다만, 우리의 경제적 자유를 먼저 되찾고 다른 가치를 쫓자는 말을 하고 싶습니다. 돈이 없으면 누군가를 지킬 수 없습니다. 저는 돈이 없어서 소중한 사람을 잃어본 적은 없습니다만, 굳이 이 말을 하는 이유는 "경각심을 가지자"는 것입니다.

아니, 도대체 돈도 없으면서 무슨 마음의 안정이니 행

★

복이니... 제발 정신 좀 차리세요. 제가 보기엔 그저 한심한 사람이 자신의 상황을 합리화하기 위해 할 수 있는 최대한의 자기 위로일 뿐입니다. 즐길 거 다 즐겨놓고 정말 돈이 필요한 상황에서 돈 때문에 그 우선순위를 할 수 없을 때, 심술이 나서 부자 욕을 한다? 세상에서 제일 한심한 부류입니다. 당장 내일 죽을 것이 아니면 지금 해야 할 것은 파이프라인 구축입니다.

힘도 없으면서 누굴 지킨다고 합니까? 부모님 은퇴 시기에도, 부모님이 나 때문에 불안해서 관절 갈아가시면서 일하는 모습을 보고 싶으신가요? 나중에 자식을 낳으면 범죄 취약 지역에서 살게 하고 싶으신가요? 무슨 배짱으로 남은 인생을 낭비하고 계십니까? 파이프라인 구축은 그리 어려운 일이 아닙니다. 해외여행이나 오마카세 등 분수에 맞지 않는 사치는 줄이고, 수익화가 가능한 자산에 투자하라는 말입니다.

쓰다 보니 스스로 조금 감정이 격해진 저를 보았습니다. 꼭 성공하셨으면 좋겠습니다. 일말의 실패 가능성도 품지 마세요. 꼭 성장해서 책임을 질 수 있는 어른으로 봅시다.

그럼에도 불구하고 아직도 정신을 차리지 못하고, 돈도 못 벌면서 이상한 사치품이나 구매하고 계신다면, 당신에게 한마디 드립니다. "부럽습니다. 비싼 사치품을 걸친 당신의 삶이 멋있습니다. 쭉 그렇게 살아주세요."

어차피 바뀔 사람만 바뀝니다. 느꼈다면, 함께 바뀝시다.

# 자본주의는
# 잘못된 것일까요?

자본주의는 정말 잘못된 것일까요? 말도 많고 탈도 많고 누구는 극한의 이득을 보기도 하고 누구는 또 엄청난 피해를 보는 곳. 개개인의 능력에 따라 그리고 또 독기와 노력에 따라 삶이 그저 생지옥이 되기도, 놀이터가 되기도 하는 극한의 상황이 서로 대립되는 곳. 저는 그 곳을 자본주의라고 생각합니다. 평등이 없는 곳. 고작 종이 쪼가리에 불과한 화폐에 의해 사람들이 계급이 나눠지는 곳. 법으로 세워진 나라이나 실상은 본능만이 남아있는 곳.

저도 사실 이 자본주의가 잘못된건지 옳은건지 잘 모르겠습니다. 고작 돈입니다. 그 돈으로 생판 모르는 사람의 노동력을 살 수도 있습니다. 고작 돈으로 누군가는 수명이 늘 수도, 줄 수도 있습니다. 사실 자본주의의 옳고 그름을 따지는 것은 진짜 한심한 짓입니다. 아무리 주장해봤자 바뀌는 것은 하나 없을테니까요. 자본주의의 불평등은 생명 존속의 영역까지 왔습니다. 저는 '왔다' 라는 표현보다 '침범했다' 라고 표현하고 싶네요.

꿈의 암 치료로 불리는 방사선 치료가 있습니다. 가격은 점점 낮아지고 보험도 활성화되고 있지만, 여전히 응급 상황에서는 급한 환자보다 더 많은 돈을 지불하는 부자가 먼저 치료를 받는 일이 벌어질 수 있습니다.

이런 불공정한 세상에서 살아남는 방법은 두 가지입니다. 자본주의를 벗어나거나, 그 안에서 우위를 점하는 것이죠. 저는 종종 이런 생각을 합니다. '거대한 무언가가 우리의 인생을 조종하고 있다.' 이 말, 이제는 너무 흔하게 들어서 지겨울 정도겠지만 말입니다.

★

사진 출처 : 네이버


    자본주의에서 살아남으려면 과감하게 방향을 바꿔야 합니다. 모두가 "YES"라고 할 때 "NO"라고 말할 수 있어야 하고, 모두가 같은 길을 갈 때 혼자 다른 길을 개척할 줄 알아야 합니다. 모두가 행복을 추구할 때, 저는 생존을 위해 배수의 진을 쳐야 한다고 믿습니다. 제가 경험한 바로는, 모두가 반대하는 길이 오히려 꽃길일 때가 많았습니다.

이제 노력만으로는 벽을 넘을 수 없습니다. 벽을 넘을 수 없다면 돌아가야 합니다. 그 돌아가는 길의 시작은 방향을 조정하는 데서 시작됩니다. 저도 계속해서 노력했습니다. 포기하지 않고 버텼습니다. 하지만 노력만으로는 부족합니다. 노력, 끈기, 그리고 방향성이 하나로 합쳐져야 합니다. 아니, 정확히는 곱해져야 하죠.

여러분이 가고자 하는 길은 여러분이 가장 잘 알고 있습니다. 그 길을 가고 싶다면, 굳이 비전문가인 다른 분들의 말을 들을 필요도, 그 말에 휘둘릴 필요도 없습니다. 너무 어렵게 말했나요? 제 생각은 이렇습니다. 그냥 돈 되는 일 하세요. 좋아하는 일, 잘하는 일? 하지 마세요. 그건 이기적인 겁니다. 돈 되는 일을 하세요. 돈을 벌고 난 뒤에 좋아하는 일, 잘하는 일을 해도 절대 늦지 않습니다. 돈을 계속해서 굴리세요. 주식이든, 부동산이든, 코인이든, 돈으로 돈을 굴리세요. 좋아하는 일은 나중에 하셔도 됩니다. 일단 돈을 벌고 나서요.

★

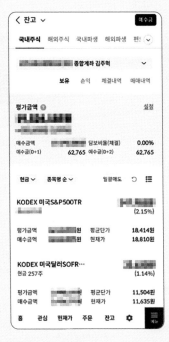

▲ 김고딩의 투자내역

# 4부

# 당장
# 돈 벌 수 있는
# 아이템

# 1

# 지금 당장
# 돈을 벌 수 있었던 방법

돈을 벌 수 있는 아이템은 정해져 있습니다. 그리고 그 방법은 생각보다 간단합니다. 중학생도 바로 돈을 벌 수 있게끔 핵심만 간단하게 정리했어요. 이 글을 안 읽으면 분명히 다른 누군가가 읽고 실행할 겁니다. 이건 경쟁입니다. 여러분이 승리하길 바랍니다.

　제가 하고 있는 사업을 정확히 말하자면, 온라인 유통업입니다. A라는 제품을 가져와 이름을 정하고, 타깃을 선정한 뒤 그들에게 판매하는 방식이죠. 하지만 이걸 실행하기 전에 이것 하나는 꼭 기억하세요. 자본주의는 항상 수요보다 공급이 많습니다. 사업도 마찬가지예요. 여러분의 제품과 경쟁사의 제품이 똑같다면, 소비자는 결국 더 싼 제품을 선택하게 됩니다. 그리고 계속 가격을 내리다 보면 사업이 망가집니다. 마진은 줄고, 일은 늘어나죠. 이걸 방지하려면 우리는 기존의 사업 판을 뒤집어야 합니다.

예를 들어, 지금은 여름 휴가철입니다. 사람들이 해외여행을 많이 가고 있죠. 그렇다면 돈을 많이 벌고 싶은 우리는 해외여행을 주목해봅시다.

해외여행 가는 사람들이 필요로 하는 아이템이 무엇일까요?캐리어, 삼각대, 여권 케이스, 백팩, 수면안대 등등 다양한 기본 아이템이 떠오를 겁니다. 이 제품들을 여러분은 5,000원에 팔 수도 있고, 20,000원에 팔 수도 있습니다. 여러분은 얼마에 팔 것인가요? 우선 비싸게 팔고 싶으시겠죠. 제품을 비싸게 팔기 위해선, 소비자가 납득을 해야 합니다. 소비자가 납득하지 못하는데 어떻게 지

▲ 해외여행 가는 사람들이 필요로 하는 상품 네이버 검색 결과

갑을 열게 할 수 있겠어요? 그래서 우리는 "가치 더하기"라는 전략을 사용합니다. 말 그대로 제품에 가치를 더해서 비싸게 판매하는 것입니다.

이때 가치 더하기가 가능한 제품군을 찾는 것이 중요합니다. 예를 들어 화장품, 영양제, 명품 같은 비쌀수록 신뢰도가 높아지는 제품군이 적합합니다.해외여행을 가는 사람들을 타깃으로 한다면, 저는 이런 제품을 팔 것 같아요.

"삼단봉 셀카봉."

이 단어를 들어보신 적 있나요? 아마 없을 겁니다. 셀카봉을 사는 주된 이유는 셀카를 찍기 위함이죠. 그런데 우리가 일반 셀카봉을 판매하면 소비자가 당신의 제품을 선택할 이유가 무엇일까요? 없습니다. 가격을 무조건 낮추면 팔릴 수는 있겠지만, 사업체는 망가지겠죠.

그럼 이제 차근차근 방법을 알려드리겠습니다. 아래 단계를 잘 따라와 주세요.

★

1. 온라인 도매사이트를 검색해서 튼튼하고 무거운 삼단봉을 찾습니다.

2. 그 삼단봉을 네이버에 등록합니다.

3. 해외여행 커뮤니티(네이버카페, 카카오톡 오픈 채팅방, 네이버 밴드 등)에 가입해서 은근슬쩍 이 제품에 대해 이야기해봅니다.

4. 사람들의 반응을 살핍니다. 이 방법으로는 광고로 걸릴 위험도 없습니다.

5. 삼단봉 셀카봉이라는 시장을 만들고 기존 셀카봉 시장과 차별화합니다.

6. 무겁고 튼튼한 삼단봉을 가져와서 "삼단봉 셀카봉"이라는 키워드로 포장한 후 판매합니다.

7. 더 굳건하게 판매하려면 브랜딩이 중요합니다. 예를 들어, 저는 "안전한 여행"이라는 브랜드 이름을 지을 것 같습니다.

8. 이제 해당 제품에 관한 숏폼 영상을 찍습니다.(예: "혼자 여행 가는 여성들 필수품!")

9. 여성들을 타깃으로 판매하는 것이 중요합니다. 성인 남성에게는 잘 팔리지 않으며, 비싸게 팔기도 어렵습니다.

    이 전략을 꼭 따라해야만 돈을 벌 수 있는 건 아닙니다. 하지만 사업을 할 때는 항상 이 점을 기억해야 합니다.

    "소비자가 당신의 제품을 꼭 사야만 하는 이유는 무엇인가?"

    이 질문에 답할 수 있어야, 소비자들이 당신의 제품에 관심을 가질 것입니다.

# 네이버와 쿠팡을 이용해서 돈 벌었던 방법

네이버와 쿠팡을 이용해서 돈을 버는 방법은 정말 간단합니다. 저는 이 로직을 깨닫고 한 달 만에 0원에서 순수익 500만 원을 벌었습니다. 단 하나의 제품으로 말이죠. 이 방법이 쌓이면 어떻게 될지 상상해 보세요. 다시 한번 강조하지만, 남들보다 1년 빠르게 자본소득을 만들면 그 격차는 10년 이상으로 벌어질 것입니다. 이제 제가 자본소득을 만들었던 방법을 세세하게 소개해드리겠습니다.

1. 판다랭크라는 사이트에 접속합니다.

2. 판다랭크에 접속한 후 셀러 탭의 키워드 찾기를 누릅니다.

3. 왼쪽 상단에 있는 카테고리 탭에서 마음에 드는 카테고리를 선택하고 검색량에만 집중하세요. 경쟁 강도는 데이터 오류일 수 있습니다. 경쟁 강도가 높아도 정말 진득하게 판매에 몰두하는 사람들은 적기 때문입니다. 검색량이 곧 수요이며, 수요는 돈입니다.

4. 검색량이 높으면 시장에 돈이 돈다는 건 맞습니다. 하지만 그만큼 돈 냄새를 맡은 다른 판매자들도 많을 겁니다.

5. 이 글을 쓰는 시점은 2024년 11월 말, 겨울입니다. 초보 판

매자들은 현재 잘 팔리는 시장에 집중하기보다 미래에 잘 팔릴 시장을 준비하는 것이 중요합니다.

6. 2월 즈음에 잘 팔릴 아이템을 찾고, 지금부터 상품을 등록하며 천천히 마케팅을 시작하는 것이 좋습니다. 남들보다 먼저 팔아놔야, 남들이 본격적으로 팔 때 훨씬 더 잘 팔리기 때문입니다.

그러면 이 방법을 추천하느냐? 사실, 그렇지 않습니다. 이 네이버와 쿠팡 시장은 생각보다 더럽고 치열합니다. 지속 가능성과 성장 가능성이 사업의 핵심인데, 이 전략은 단기적으로는 돈을 벌 수 있어도, 장기적으로는 롱런하기 힘듭니다.

제가 추천하는 방식은 위에서 설명한 방식과 조금 다릅니다. 특히 기억해두어야 할 점은 "주체성"입니다. 사업에는 반드시 주체성이 있어야 합니다. 휘둘리는 사업은 하지 말아야 합니다.

· 휘둘리는 사업은 네이버 위탁판매, 쿠팡 위탁판매처럼 오픈

마켓에 의존해 물건을 유통하는 것입니다.

· 휘둘리지 않는 사업은 자신만의 사이트에서 브랜드 상품을 판매하거나, 유튜브를 통해 자신의 브랜드 제품을 직접 판매하는 것입니다. 가장 중요한 차이는 자신의 제품을 가지고 있느냐입니다. 이 점이 큰 차이를 만들게 될 것입니다.

 말로 설명하려다 보니 조금 더 자세하게 공유가 어렵습니다. 해당 부분 관심있으신 분들은 유튜브에 "김고딩"이라고 검색후 관련 영상으로 공부하시면 큰 도움 될 것이라 생각합니다. 혹시나 몰라 옆에 qr코드도 만들어놨으니, 스마트폰 카메라를 가져다 대시면 유튜브로 바로 연결됩니다.

다음 챕터에서는 자신만의 상품을 만드는 법을 간단하게 설명드리겠습니다.

# 자신만의 브랜드 상품을
# 만들었던 방법

브랜드란 무엇일까요? 단순합니다. 소비자가 인식하고 인정하는 것이 바로 브랜드입니다. 그렇다면, 브랜드는 왜 만들어졌을까요? 이건 더 간단합니다. 휘둘리지 않고, 더 비싸게, 더 많이 팔기 위해서 브랜드가 만들어진 겁니다.

예를 들어, 스타벅스를 생각해봅시다. 스타벅스를 떠올리면 초록색이 생각나고, 커피와 여유롭고 잔잔한 분위기가 떠오릅니다. 빽다방은 어떨까요? 노란색이 떠오르고, 저렴한 커피 매장이라는 이미지가 떠오릅니다. 메가커피도 마찬가지죠. 이처럼 잘 만들어진 브랜드는 각자 고유의 색깔이 있으며, 그 브랜드가 주는 특유의 분위기를 소비자들이 느끼게 됩니다.

그렇다고 '브랜드를 꼭 만들어야 한다, 색깔을 정하고 분위기를 정하라'는 말을 하고 싶은 건 아닙니다. 그냥 이런 것도 있구나 하고 이해하면 됩니다. 특히 1인 사업가들이 브랜드를 만드는 가장 큰 이유는 주체성과 독점성을 확보하기 위해서입니다.

먼저, 키프리스를 통해 상표등록을 하는 것이 중요합니다. 네이버에 검색하면 바로 나오는 서비스입니다. 상표등록을 하고 출원된 상표를 자신의 제품에 브랜드명으로 사용하면, 그 상품은 주체성을 갖게 됩니다.

브랜딩이 없는 제품은 살아남기 어렵습니다.

▲ 상표등록하는 법

# 제품을
# 판매하는 방법

위에 있던 "제품과 사람은 인정받는 곳으로 가야 한다"라는 챕터를 기억하십니까? 나를 인정해주지 않는 곳에 가서 아무리 열심히 어필해봤자, 관심조차 받지 못합니다. 제품도 마찬가지입니다. 이제 여러분은 타깃 설정의 중요성을 잘 깨달았을 겁니다. 그렇다면 판매는 어떻게 해야 할까요? 첫 판매까지는 마케팅이 관건입니다.

롱런이 되는 전략을 기억하시나요? 네이버나 쿠팡에

서 판매하는 것은 사업이 아닙니다. 경쟁사 신고 하나로도 복구하기 힘든 상황이 발생할 수 있습니다. 신고 한 건에 무너지는 회사는 회사가 아닙니다. 네이버나 쿠팡에서 판매하는 것은 롱런 가능한 사업이 아니며, 그렇기에 자신만의 브랜드 상품을 제조하고 자신의 사이트에서 집중적으로 판매해야 합니다.

여기까지 준비가 끝났다면 수고 많으셨습니다. 이제 본격적으로 마케팅에 집중할 때입니다. 아까 언급했던 숏폼 전략을 기억하시나요? 예를 들어, 제가 화장품을 제조 후 판매한다고 가정한다면, 손상된 피부를 촬영한 후 화장품을 사용한 결과를 보여주는 before/after 영상을 만들어 숏폼 플랫폼에 올릴 것입니다.

현재의 알고리즘은 매우 정교합니다. 화장품에 관심 있는 사람에게는 화장품 관련 영상이, 마술에 관심 있는 사람에게는 마술 관련 영상이 뜨죠. 당연한 이치입니다. 영상이 떡상할 때까지 계속해서 올리세요. 이렇게 만들어진 영상들은 자연스럽게 바이럴이 되고, 자동으로 맞춤형 소비자들에게 공유됩니다. 이제는 네이버 카페나

카카오스토리 등에서 소비자를 어렵게 찾아갈 필요가 없는 세상입니다.

★

▲ 자신의 니즈에 맞게 콘텐츠를 추천해주는 SNS 알고리즘

# 자신의 장점을 살려서
# 돈을 벌었던 방법

"난 사업은 조금 복잡하고 두렵기도 해. 소소하게 용돈만
벌고 싶어"라고 생각하는 분들을 위한 챕터입니다. 사업
은 분명 두렵고 무서울 수 있습니다. 저도 새로운 시도를
할 때마다 두려움과 미래에 대한 압박감을 느끼곤 합니
다. 하지만 소소하게 용돈 정도만 벌고 싶은 분들이라면,
자신의 장점을 살리면 충분히 돈을 벌 수 있다는 사실을
알려드리고 싶습니다.

각자만의 장점은 누군가의 불편함을 해결해 줄 수 있습니다. 한 번쯤은 다들 연애를 해본 적이 있을 것이고, 이별도 겪어봤을 겁니다. 저도 부끄럽지만 이별을 겪은 적이 있습니다. 그 당시 심리적으로 불안정했기에, 카카오톡 오픈채팅방이나 네이버에 이런 검색을 해봤죠. "이별 심리", "재회 상담" 같은 무형의 서비스를 찾았던 기억이 있습니다.

그리고 실제로 그런 서비스가 있긴 있더군요. 하지만 명확하게 제공되는 서비스는 거의 없었습니다. 이 글을 보고 있는 여러분, 만약 연애 경험이 많고 이별을 통해 성숙해졌다면, 이별 상담 서비스를 판매하는 것을 추천합니다. 제품 자체가 무형이므로, 매출이 그대로 수익이 될 수 있습니다.

이 서비스는 바이럴되기에도 적합합니다. 바이럴이란 광고같아 보이지 않는 광고를 말합니다. 예를 들어, 내 친구가 이별 후에 이 상담을 받고 만족했다면, 다른 누군가에게 자연스럽게 추천할 수 있겠죠. 만약 당신의 친한 친구가 이 서비스를 추천한다면, 그냥 넘어갈 수 있을까요?

저라면 구매를 고려할 것 같습니다. 아니, 구매할 겁니다.

만약 내가 이 서비스를 시작한다면? 예를 들어 고등학생이 상담하는 고등학생 전문 이별 재회 상담이라는 서비스도 좋습니다. 꼭 전문가가 아니어도 됩니다. 내가 고등학생이라면, 이별을 겪고 있을 때 고등학생이 이별 상담을 해주는 서비스를 더 신뢰할지도 모릅니다. 왜냐하면 같은 고등학생이 더 공감을 잘할 것 같다는 믿음이 있기 때문이죠.

이 서비스의 핵심은 "고등학생 전문"이라는 점입니다. "고등학생 전문 이별 재회 상담"이라는 타이틀이 중요한 이유는 브랜딩과도 연결됩니다. 단순히 "이별 재회 상담"만으로는 차별화가 되지 않지만, "고등학생 전문"이라는 서비스는 특별합니다. 성인은 받지 않고, 고등학생의 이별만 상담하는 서비스이기에 특별한 신뢰를 줄 수 있습니다. 이게 타깃 설정의 중요성입니다.

서비스든 제품이든, 판매하는 모든 것에는 세부적인 타깃이 필요합니다. 타깃을 아주 세세하게 설정하고, 그들에게 맞춤형 서비스를 제공하는 것이 핵심입니다.

# 고객 심리를
# 이용한 마케팅

고객 심리를 이용한 마케팅은 무엇일까요? 아니, 마케팅이란 당신에게 무엇일까요? 한 번쯤은 들어보셨을 겁니다. 누군가는 마케팅을, 제품을 잘 팔 수 있게 만드는 전략이라고 하고, 또 다른 누군가는 제품의 가치를 돋보이게 만드는 방법이라고 합니다.

일단 이걸 차치하고, 당신이 제품을 판매하려면 고객을 설득해야 합니다. 고객의 불편한 점을 파악하고, 우리가 그 불편함을 해결할 수 있다는 확신을 주면 됩니다. 고객은 확신을 느낄 때 지갑을 엽니다. "우리 제품은 뭐가 좋고~ 가격도 싸고~ 후기도 좋아요~" 이런 방식으로는 고객의 관심을 끌기 어렵습니다. 가장 큰 장점을 납득시키는 것이 핵심입니다.

예를 들어, 전기매트를 판매하고 있다면 어떻게 할까요? 남들은 10만 원에 팔지만, 저는 화재 방지 전기매트라고 이름을 붙이고 20만 원에 판매할 겁니다. 그리고 고객이 납득할 수 있는 이유를 제시하겠죠. "전기매트에 의한 화재" 같은 뉴스는 자주 나옵니다. 이를 강조하며, 화재 위험이 없는 안전한 전기매트를 가져와서 가격의 이유를 설명하는 겁니다.

"우리 제품은 화재 가능성이 0%입니다." 물론, 이 설명은 단순한 예시입니다. 정확한 증명서나 안전 인증서가 필요하며, 경쟁사와 비교하지 않도록 주의해야 합니다. 이 방식은 단순한 이해를 돕기 위한 설명입니다.

정리하자면, 고객 심리를 이용한 마케팅 전략은 이렇게 구성됩니다.

★

1. 당신 제품의 타깃을 집중적으로 정하세요.

[예시]  화재 방지 전기매트, 신생아 환경호르몬 없는 젖병,
아토피 피부용 화장품 등.

2. 그 타깃에게 판매할 이유를 분명하게 만드세요.

고객의 불안이나 불편을 개선하는 명확한 이유를 제시하
세요.

3. 제품의 가치를 강조하고, 제품의 가치를 인식하지 못할 때
생기는 손해를 납득시키세요.

[예시]  "화재 가능성이 없는 전기매트",
"환경 호르몬 없는 젖병으로 아이를 보호"

4. 확실한 보장을 제공하세요.

[예시]  평생 A/S 무료, 사이즈 문제 시 100% 교환, 불만족
시 100% 환불.(악성 소비자가 생길 수도 있지만, 비율
은 낮습니다. 실보다 득이 더 많은 전략입니다.)

5. 고객 한 분 한 분에게 친절하게 대하세요.

사업의 핵심은 성장 가능성입니다. 고객들이 쌓여 재구매로
이어지고, 지인 추천으로 구매가 확산됩니다. 제품 자체가 좋
고 서비스가 뛰어나다면, 사업은 복리처럼 성장하게 됩니다.

이 전략을 통해 고객의 마음을 사로잡는 마케팅을 할 수 있습니다. 고객이 왜 당신의 제품을 구매해야 하는지 그 이유를 분명하게 전달하세요.

★

5부

# 17살에
# 월 4천만 원을
# 벌 수 있었던
# 마인드

**1**

# 정말 독서를 하면
# 성공할 수 있을까요?

이 주제는 저도 자주 생각하는 주제입니다. 저는 독서를 매우 좋아합니다. 독서, 운동, 요리 이 세 가지가 주된 취미인데, 그중에서도 독서를 가장 많이 합니다. 그러면 독서가 성공의 필수 요소가 아닐까? 라는 생각이 들 수 있지만, 저는 그렇게 생각하지 않습니다.

과거에 저는 하루에 4~5시간씩 책을 읽었습니다. 그때는 사업보다는 독서에 목말라 있었습니다, 아니 정확히는 성공에 목말라 있었습니다. 과거의 저는 독서를 많이 하면 성공할 수 있을 거라 믿었죠. 하지만 그건 아니더군요.

성공은 시행착오를 견딘 후, 운이 좋을 때 찾아오는 것 같습니다. 지금 저는 예전만큼 독서를 많이 하지 못합니다, 시간이 부족하기 때문이죠. 그런데도 독서를 하루 종일 하던 때보다 내적으로나 외적으로 더 많은 성장을 이뤘습니다. 독서는 성공을 유지하는 데 필요한 요소일 수는 있지만, 책만 백날 읽는다고 인생이 바뀌지는 않습니다. 변화는 스스로 만들어야 합니다. 책을 읽는 것만으로는 생각의 변화는 있을지 몰라도, 행동의 변화는 일어나지 않습니다. 허나, 독서를 자주 할 시절에 쓴 글을 보면 조금씩 종종 놀랍니다. '이 글을 내가 썼다고?' 하면서 말이죠.

어느 정도 자신의 분야에서 성과를 낼 때면 누구나 어처구니없는 실수를 하게 마련입니다. 그 실수는 내부에서든 외부에서든 다양한 방식으로 발생할 수 있습니다. 설령 외부의 문제라 하더라도, 결국 당신의 책임이 됩니다. 모든 사람은 각자 자신만의 방식으로 실패를 경험합니다. 그리고 그 실패는 모두 비슷한 시기에 발생하죠. 처음 성과를 내고 만족하며 안주하던 그 시기, 문제가 터지게 마련입니다.

너무 독서에 대한 안 좋은 얘기만 드린 거 같네요. 그럼 좋은 점도 말씀드릴게요.

독서를 통해 인생선배들의 경험을 얻을 수 있습니다. 그들은 문제가 언제, 왜 터지는지 알려주고, 해결 방법도 알려줍니다. 마케팅 책에는 마케팅 전략이, 심리학 책에는 사람의 심리가, 경영책에는 경영 지침이 나와 있습니다.

독서 없이도 성공할 수 있습니다. 하지만 독서를 함께 하면서 실행한다면, 누구보다 빠르게 성장할 수 있습니다. 그 책에서 나온 바보 같은 실수들만 하지 않으면 되니까요.

▲ 김고딩이 주로 읽는 책들

2

# 저는 이렇게 실행력을
# 강화시켰습니다

실행력을 강화하는 가장 간단한 방법은 바로 관여도를 낮추는 것입니다. 유전적으로 대범한 사람이 있고, 소심한 사람이 있습니다. 어떤 사람은 대범하게 실행하고, 어떤 사람은 새로운 시도를 주저하죠. 사업이라는 확률 게임에서, 누가 더 빠르게 성공할지는 이미 명확해 보입니다.

우리가 새로운 시도를 주저하는 이유는 감정적인 문제 때문입니다. 조금 더 완벽해지고 싶다는 마음, 조금 더 준비가 되면 시작하고 싶다는 마음, 실패했을 때 느낄 두려운 감정 등이 시도를 방해합니다.

그런데 실행력을 강화시키는 방법은 간단합니다. 바로, 새로운 시도에 대한 관여도를 낮추는 것입니다. 예를 들어, 결혼 상대를 고르는 것과 연애 상대를 고르는 것의 관여도가 같을 수 있을까요? 아니죠. 선택할 때 관여도를 낮추면, 선택의 부담도 덜 느끼게 됩니다. 저는 이 관여도를 낮추는 방식을 사업에도 그대로 적용했습니다. 새로운 마케팅 전략을 시도하는 것이 당신의 인생을 바꿀 만큼 중요한 문제인가요? 아닐 겁니다.

완벽주의를 버리세요. 완벽주의를 가진 당신의 삶이 과연 완벽한가요? 많은 자기계발 책들을 보면 공통적으로 나오는 말이 "완벽주의를 버려라"입니다. 완벽주의는 쓸모없습니다. 그냥 가벼운 마음으로 시작하세요. 시도해보고 안되면 보완하거나 수정하면 됩니다. 전혀 어렵지 않습니다.

실행력의 비결은 완벽하지 않아도 괜찮다는 마음가짐에서 출발합니다.

# 평생 물을 퍼 나르는 사람
# vs 배수관을 만드는 사람

물을 돈이라고 생각해봅시다. 그리고 물이 당신에게 필요해서 집으로 가져가야 한다고 가정해봅시다. 양동이로 퍼 나르겠습니까? 아니면 배수관을 만들겠습니까? 이 질문에 대한 답은 각자의 상황에 따라 달라질 겁니다.

지금 당장 물을 마시지 않으면 죽을 수 있는 상황이라면, 배수관은 무슨 소용입니까? 빨리 물을 퍼 나르기 바쁘겠죠. 하지만 당장 죽을 상황이 아니고, 집에 물이 조금이라도 남아있다면? 그때는 반드시 배수관을 만들어야 합니다.

배수관을 만드는 건 결코 쉽지 않습니다. 위치 선정도 중요하고, 내 일을 도와줄 사람도 필요하며, 시간과 노력이 많이 들기 때문입니다. 어떤 배수관은 돈이 있어야 만들 수도 있습니다. 이 과정은 고되고 지칠 수 있습니다. 그러나 그로 인한 결과는 놀랍게 달라집니다.

이 이야기는 "부자 아빠 가난한 아빠"라는 책에서 나옵니다. 책에서는 A와 B의 이야기를 들려줍니다. A는 매일 양동이로 물을 퍼 나르고, B는 배수관을 만듭니다. 시간이 지나, B는 더 이상 일하지 않아도 물을 공급받을 수 있었습니다. 이 짧은 이야기는 삶의 방향을 결정하는 중요한 메시지를 전해줍니다.

저도 한때 너무나 힘들었던 적이 정말 많았습니다. 노력해도 매출은 나오지 않고, 내일도 똑같은 하루가 반복될까 두려웠습니다. 제 주변 친구들은 아르바이트로 돈을 벌고 있었고, 그런 그들이 내심 부럽기도 했습니다. "나는 이렇게 열심히 일하는데, 왜 돈은 그들이 더 많이 벌지?" 이런 생각이 들곤 했죠.

그런데 지금, 배수관이 만들어진 저는 그때의 저를 떠올리면 그저 고맙기만 합니다. 포기하지 않고 버텨준 과거의 나에게 진심으로 감사하죠. "고맙다. 포기하지 않아줘서 고맙다."

양동이로 물을 퍼 나르겠습니까? 아니면 배수관을 만들겠습니까?

결정은 여러분의 몫입니다. 그리고 그 결정이 여러분의 미래를 바꿀 것입니다.

# 당신 덕분에
# 잘 먹고 잘 삽니다

이 파트는 지금 책을 읽으며 열심히 살고 싶어하는 여러분들이 아닌,

일말의 노력조차 하지 않으며 인생에 대한 불평불만을 하는 사람들에게 전하는 말이니 불편해하지 않으셨으면 합니다.

노력은 개뿔, 하루 종일 릴스만 내리며 친구들과 몰려다니고, 혼자 힘으로 뭔가를 한 적도 없으며 그저 부모님의 도움으로 삶을 유지하는 당신 덕분에 제가 잘 먹고 잘 살고 있습니다.

솔직히 당신에게 우월감을 느끼는 것조차 아깝습니다. 가끔은 도대체 무슨 배경이 있길래 그렇게 인생을 사는지 궁금하기도 하죠. 제 책을 읽어주셔서 감사합니다. (아, 이런 사람들은 이 책을 읽지조차 않겠군요.) 이 글을 읽으면서 열등감, 질투, 부러움, 동경 같은 다양한 감정이 들 수도 있습니다. 그런데 그런 감정을 느끼기 전에, 정말 당신은 당신의 삶에 최선을 다하고 있나요?

제가 하고 싶은 말은 당신의 방향성이 틀렸다, 당신의 노력이 부족하다 이런 게 아닙니다. 노력조차 안 하면서, 뭐가 바뀌길 기대하냐는 말입니다. 그러니 그냥 지금처럼 계속 살아주세요. 그래야 제가 더 올라갈 수 있고, 노력하는 사람들이 더 높이 올라갈 수 있으니까요.

저는 "누구나 부자가 될 수 있다"같은 허황된 소리를 하지 않습니다. 부자가 될 비율은 정해져 있습니다. 그런데 이 책을 덮고 감정 상해서 혼자 속 끓으며, 다시 습관처럼 누워서 릴스나 보고 있는 당신의 인생은 절대 바뀌지 않을 것이라는 확신이 듭니다.

솔직히 말하자면, 이 책을 읽는 모든 사람이 자신의 인생에 진심을 다하면, 저는 다시 내려갈 수밖에 없습니다. 왜냐하면 저는 압도적인 노력을 하지 않았기 때문입니다. 애초에 모두가 똑같이 노력했다면, 저는 지금 이 자리에 오르지도 못했을 겁니다. 머리도 뛰어난 편이 아니거든요. 당신은 제가 비밀 노하우나 인맥, 운으로 여기까지 올라왔다고 생각하십니까? 사실 당신처럼 과정 자체를 부정하는 사람들이 있었기에 제가 여기까지 올라온 겁니다. 그래서 정말 다행입니다.

어차피 변화하는 사람들의 비율은 정해져 있습니다. 그리고 저는 그 정해진 비율 속에서, 당신만큼은 인생이 바뀌길 바라고 있을 뿐입니다.

당신은 어떻게 살 것입니까?

# 똥차 가고
# 벤츠 옵니다

이 파트도 지금 책을 읽으며 열심히 살고 싶어하는 여러 분들이 아닌,

일말의 노력조차 하지 않으며 인생에 대한 불평불만을 하는 사람들에게 전하는 말이니 불편해하지 않으셨으면 합니다.

"똥차 가고 벤츠 온다"

이 말, 많이 들어보셨을 겁니다. 연애 상담에서 주로

나오는 말이죠. 제가 이 말을 왜 꺼냈을까요? 똥차도 가고 나서야 벤츠가 온다는 말, 참 많이들 씁니다. 그런데 당신은 왜 똥차와 벤츠 둘 다 잡으려고 하시나요? 앞서 말씀드렸듯 세상은 등가교환입니다. A를 얻으면 B를 잃게 되어 있습니다. 이 등가교환의 원칙을 꼭 기억하시고, 사업이든 연애든 적용해보셨으면 합니다.

무엇인가를 새롭게 잡고 싶다면, 이미 손에 잡힌 무엇인가를 놓아야 합니다. 그런데 당신은 욕심이 가득하네요. 손에 쥔 걸 놓을 생각 없이, 새롭게 잡고 싶은 마음만 가득한 것 같네요.

사실 저도 그랬습니다. 사업을 하면서 행복도 잡고 싶었고, 인간관계도 놓기 싫었으며, 내 자유와 여가생활도 포기하고 싶지 않았습니다. 이 챕터는 제 삶의 철학과도 많이 연관되어 있습니다.

철학자 쇼펜하우어는 "인간은 불행하다"고 주장합니다. 저도 그의 주장에 크게 동의합니다. 배고플 때 먹는 음식, 외로울 때 만난 사람, 돈을 못 벌다가 매출이 오르던 순간까지도 마찬가지입니다. 마이너스인 상태에서

1로 채워지는 과정이 행복이지, 1에서 플러스로 가는 과정은 행복이 아닙니다. 1로 채워지자마자, 우리는 곧바로 다른 결핍을 찾고, 또 결핍을 느끼기 때문입니다. 이 과정에서 많은 사람들이 권태감을 느낍니다. 연애도, 사업도, 공부도 권태기가 오죠.

주제가 조금 엇나갔네요. 하지만 등가교환의 원칙을 인지하고, 새로운 시도를 하셨으면 좋겠습니다. 당신이, 잃은 것에 무너지지 않기를 바랍니다. 좋지 않은 감정을 느낄 수도 있지만, 결과는 좋을 테니까요.

# 제약을 걸어야
# 당신은 움직입니다

당신은 스스로 세운 제약이 있나요? 스스로 세우고 공유한 제약의 힘은 매우 큽니다. 이 제약이 일상생활은 물론, 인생 전반까지 바꿔놓습니다. 제약은 스스로의 평판을 이용하는 것입니다. 그리고 평판이 좋을수록, 이 제약의 힘은 기하급수적으로 커집니다.

평판과 제약의 힘은 비례합니다. 스스로 세우고 공유한 제약을 어길 시, 평판은 하락합니다. 그리고 평판이 하락하면, 스스로 세운 제약의 힘은 약해지게 됩니다.

저도 기존의 평판이 어느 정도 있었습니다. 높은 편도 아니었고, 그렇다고 신뢰도가 낮은 편도 아니었죠. 그러나 스스로 세운 목표를 공유했고, 이를 이루지 못할 경우에는 제약을 걸어두었습니다. 사람들은 과정에는 관심이 없습니다. 오직 결과만 존재하죠. 목표를 이루는 과정에서는 서서히 평판이 깎이고, 신뢰도가 하락합니다. 하지만 목표를 달성하면 평판과 신뢰도는 급상승합니다. 웃기죠? 그동안 절대 안 될 거라며 비웃던 사람들이 이제와서 "될 놈이었다"며 칭찬을 늘어놓습니다.

제약의 힘은 매우 큽니다. 얼마나 큰지, 몇몇 사람들은 공황장애까지 겪기도 합니다. 저도 바로 전 단계까지 경험했습니다. 제게 가장 큰 두려움은 사업의 실패가 아니었습니다. 진짜 두려움은 "내가 세운 목표를 이루지 못하는 거짓말쟁이"로 보이는 것이었습니다. 그 시선이 너무 두려웠습니다. 그래서 목표를 이루기 위해 눈물을 흘리며 강의를 들었던 기억이 납니다. 갇혀 있던 그 상황이 너무나 억울했던 기억이 납니다.

방향성을 몰랐던 때, 일을 해도 100% 몰입되지 않았고, 일을 하지 않으면 숨이 막힐 듯한 압박감 속에서 살았습니다. 심장은 빨리 뛰고, 머릿속은 하얘지며, 앞이 전혀 보이지 않는 터널 속에 있었던 것 같습니다.

눈을 뜨면 바로 정보를 찾고, 계속 무언가를 시도했던 기억이 납니다. 고등학생이라는 신분을 이용해 사업 유튜버, 사업 강사, 사업가들에게 연락을 돌렸던 기억도 납니다. 그때 저는 지푸라기라도 잡고 싶었습니다. 하지만 내 스스로가 가치를 느끼지 못하면, 다른 사람도 절대 나에게 손을 내밀지 않는다는 것을 알게 되었죠. 잔인하지만 납득이 가는 세상에서, 저는 그렇게 처절하게 살아남으려고 노력했습니다.

스스로 세운 제약은 당신의 평판과 삶을 바꾸는 강력한 힘입니다.

오늘 이런 제약을 세워보는 것은 어떨까요?

"운동 30분동안 하기. 실패시 삭발"

'너무 과하잖아!'라고 생각하실 수도 있지만, 성공하기 위해선 그만큼 마음을 굳게 먹어야 합니다. 대부분

이 과하게 살지 않고 '적당히' 살기에 부자는 소수인 겁
니다.

# 당신이 느끼는 모든 감정을
# 돈으로 바꾸는 법

감정을 무기로 바꾸는 방법은 간단합니다. 내가 느끼는 모든 감정을 자신의 이익으로 전환하는 것이죠. 앞서 말한 것을 기억하실 겁니다. 모든 원인은 자신에게서 찾아야 성장할 수 있습니다. 이번에는 그 주제를 더 깊이 파고들어 보겠습니다.

모든 원인은 자기 자신에게 있습니다. 연인이 나를 떠난 이유는 내가 부족하기 때문입니다. 사업이 잘 안되는 이유는 내 그릇이 아직 작기 때문이죠. 잘하는 걸 못 찾았다면, 그건 내가 그것을 찾기 위한 끈기가 없었기 때문입니다.

저는 여러분이 지금 힘들었으면 좋겠습니다. 그 이유는 그래야 여러분이 성장할 수 있기 때문입니다. 성장은 즐겁지 않습니다. 성장통이라는 말이 있듯이, 성장은 고통스럽습니다. 성장이 즐거운 순간은 오직 그 과정이 끝난 후입니다. 성장하는 순간은 단지 아프고 힘들 뿐입니다. 중학교 때 겪은 성장통도 마찬가지 아닙니까? 그때는 그저 아프기만 했지, 즐겁지는 않았습니다. 그러나 성장 후의 나 자신을 상상하며 그 고통을 견뎌낸 거죠.

모든 고통은 지나갑니다. 니체가 말한 것처럼, 나를 죽이지 못하는 고통은 나를 더 강하게 만듭니다. 여러분의 고통은 여러분을 더 성장하게 만듭니다. 미래에 대한 비전이 명확할수록, 현재의 고통은 무뎌지기 마련입니다. 3년 후에 매달 1억 원을 벌 수 있다는 확신이 있다면, 지금 상품이 안 팔린다고 불평하는 건 어리석은 일이 아닐까요?

인생을 RPG 게임이라고 생각해봅시다. 다들 한 번쯤은 메이플스토리, 로블록스 타이쿤 같은 RPG 게임을 해봤을 겁니다. RPG 게임의 핵심은 캐릭터를 성장시키는 과정입니다. 처음에는 너무 어렵죠. 내가 힘들게 잡은 몬스터를, 고수는 쉽게 잡는 모습을 보며 좌절하기도 합니다. 하지만 몬스터를 계속 잡고, 보상을 얻으며 레벨업을 하다 보면, 어느 순간 더 강한 몬스터를 쉽게 잡는 자신을 발견하게 됩니다.

저도 어렸을 때는 게임 중독자였습니다. 인생이라는 게임이 아니라, 오버워치라는 게임이요. 정말 미쳐있었고, 중독 수준으로 했습니다. 고등학교에 들어와서는 친구들과 로블록스나 롤을 미친 듯이 했습니다. 초등학교, 중학교 시절에는 피시방에서 시간을 보냈고, 코로나 때는 온라인 수업 중 디스코드로 친구들과 게임을 하던 기억이 생생합니다.

제 부끄러운 과거를 말씀드리는 이유는 여러분도 인생이라는 게임을 즐겼으면 하는 마음에서입니다. 단언컨대, 인생이 게임보다 더 재미있습니다. 무엇보다 제게 가장 큰 도파민은 파이프라인의 확장에서 옵니다. 파이프라인이란 돈이 들어오는 현금 흐름을 뜻합니다.

생각해보세요. 여러분이 한 달에 200만 원을 벌기 위해 열심히 알바를 한다고 칩시다. 그런데 파이프라인을 만들어서, 일을 하지 않고도 100만 원을 더 번다면 얼마나 행복할까요? 만약 그 금액이 300만 원, 500만 원, 1,000만 원으로 불어난다면요?

저는 이것에서 가장 큰 즐거움을 느낍니다. 인간은 비교를 통해 즐거움을 느낍니다. 세상 모든 사람이 아마 그럴 거예요. 그리고 실행하는 사람들의 비율은 정해져 있습니다. 모두가 똑같이 노력한다면, 저는 이 자리에 있지 못했을 겁니다.

저는 세상 모든 사람이 인생이라는 게임을 즐기지 않길 바랍니다. 저만 즐겨야 하니까요. 하지만 노력하는 여러분만큼은 꼭 인생이라는 게임을 즐겼으면 좋겠습니다. 진심입니다.

# 팔 하나 잘리고 월 500씩 받기
# vs 그냥 살기

정말 재미있고 심오한 주제입니다. 여러분은 어떻게 생각하시나요? 만약 제가 팔 하나를 내어주고 죽을 때까지 월 500만 원을 받을 수 있다면 그 선택을 할까요? 아마 지금 돈을 벌고 있는 제 상황에서는 절대 그러고 싶지 않겠죠. 하지만 다른 상황에서는 어떨까요?

이 질문을 던진 이유는 여러분이 느끼는 '돈의 결핍'을 직접적으로 드러내고 싶었기 때문입니다. 부모님이 암에 걸려서 수술비조차 마련할 수 없는 상황이라면, 팔 하나가 과연 그렇게 중요할까요? 누군가 팔 하나를 내어주면 죽을 때까지 월 500만 원을 준다고 한다면, 저라면 다리까지 내어줄 테니 1,000만원으로 딜을 하자고 제안할 것입니다. 만약 여러분이 이 챕터를 읽고 진지하게 팔을 내어주고 월 500만 원을 받겠다고 선택했다면, 사업을 시작하길 강력하게 추천합니다. 그런 선택을 할 만큼의 결핍이 있는 사람이 직장을 다닌다면, 정말 아쉽습니다. 이건 직장인을 비하하는 게 아닙니다. 결국 사업은 대표의 능력만큼 돈을 버는 게임이기 때문이죠. 여러분의 능력이 크면, 그만큼 돈을 많이 벌 것입니다.

사람은 결핍이 깊을수록 그릇이 커집니다. 그래서 저는 결핍이 깊은 여러분이 사업을 시작하길 바라는 것입니다. 안정적인 직장에서 한계를 맞이하는 것보다는, 굶어 죽을지도 모르는 리스크를 감수하고 자신의 능력만큼 돈을 벌 수 있는 사업에서 여러분이 살아남길 바랍니다.

사업에서 성공하려면 최신 마케팅 트렌드나, 핵심 인재, 훌륭한 제품도 물론 중요합니다. 하지만 그보다 더 중요한 게 있습니다. 대표의 그릇입니다. 여러분이 월 500만 원을 벌어도, 여러분의 그릇이 월 200만 원짜리라면 결국 다시 월 200만 원으로 내려가게 됩니다.

저도 마찬가지 입니다. 사업을 하고 매번 하루하루 자잘한 실수를 하는 이유도, 1년을 갈어넣은 사업체가 제 실수로 1분만에 사라지는 이유도 제 그릇이 부족했기 때문입니다.

결국 사업을 잘하는 방법은 자신의 그릇을 키우는 것입니다. 이게 진짜 핵심입니다. 어설픈 마케팅 기법을 배우려고 하지 마세요. 결국 중요한 건 대표의 그릇이니까요.

여러분의 그릇을 키우세요. 그것이 사업의 진짜 성공 비결이라고 생각합니다.

★

**9**

# 99%를 추월해야
# 1%가 될 수 있을까

한 분야에서 1%가 되는 방법은 너무나 뻔합니다. 그냥 포기하지 않으면 됩니다. 뻔한 말일 수도 있지만, 진리죠. 제가 사업을 하면서 본능적으로 깨달은 한 가지는, "전체 수익의 99%는 상위 1%가 가져간다"는 사실입니다.

자본주의도 마찬가지입니다. 제게는 1%로 살아남느냐, 아니면 죽느냐 이 두 가지 선택만 있었습니다. 저는 사업의 밑바닥에서 시작했습니다. 유튜브를 보며 사업을 배웠습니다. 그때는 강의조차 사치였죠. 그렇다면 저는 99%에서 차근차근 올라왔을까요? 아닙니다. 어느 순간 사업은 빵 터지기 시작했습니다.

새로운 시도나 마케팅 전략이 먹히거나, 판매하는 시장을 바꾸었거나, 혹은 운이 좋았거나 등, 여러 이유로 한순간에 시장이 바뀌었습니다. 저의 경험을 보자면, 2023년 1월부터 7월까지는 평균 매출이 50만 원 위아래였습니다. 수익은 10~15만 원, 한 달 동안 갈아 넣고 나온 수익이죠.

그러다 8월부터 갑자기 바뀌기 시작했습니다. 7월 매출은 50만 원이었지만, 8월 매출은 280만 원이 나왔습니다. 9월에는 1,900만 원, 10월에는 2,900만 원, 그리고 12월에는 쿠팡까지 시작해 3,900만 원 매출을 달성했습니다. 쿠팡은 첫 달 매출만 1,500만 원이었습니다.

이 결과로만 봐도 연매출은 억 단위였습니다. 직원 하나 없이, 노트북 하나로 학교를 다니며 이뤄낸 성과죠. 이렇게 저는 99%에서 1%로 뛰어올랐습니다. 성장이라기보다는 말 그대로 점프였습니다.

★

비결이 뭐였을까요? 새로운 시장에 뛰어든 것이 이유였을까요? 그렇습니다. 정답입니다. 계속해서 새로운 시도를 하는 것이 결국 성공의 핵심이었습니다 "오늘 A라는 상품을 등록했으니, 내일 B라는 상품을 등록하면 매출이 2배가 되고..." 이런 식으로 단순히 생각하지 마세요. 시장은 너무 빠르게 변합니다. 저도 이 시장에서 100% 확신을 가지진 않습니다. 마케팅 전략은 터질 때까지 계속 시도해보는 수밖에 없습니다.

터지기 전까지는 평균에서 남아있습니다. 새로운 시도가 터지면 곧바로 10%, 1%로 올라갑니다.

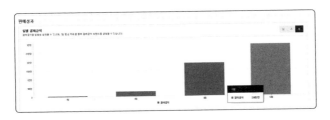

▲ 한 순간 점프했던 매출

# 그냥 무식하게
# 시도하면 됩니다

이 글을 읽고 있는 여러분에게 한 가지 묻고 싶습니다. 여러분은 성공하고 싶습니까? 지금의 삶에 만족하지 못하고 있습니까? 만약 그렇다면, 여러분은 여러분 스스로를 버려야 합니다. 여러분의 망할 고집이 지금의 여러분을 가둬 놓은 것입니다.

　새로운 시도를 할 때 관여도를 낮추세요. 예를 들어, 마음에 드는 이성이 있다면 어떻게 하겠습니까? 그냥 말

★

을 걸어보세요. "말 걸어서 받아주면 좋고, 안 받아주면 말고"라는 마음을 가져보라는 겁니다. 우리가 원시인 시절 새로운 시도를 하는 것은 목숨을 걸어야 할 만큼 위험한 일이었습니다. 새로운 땅을 찾기 위해, 새로운 사냥감을 잡기 위해 죽음을 각오해야 했죠. 그때의 유전자가 남아있어서 우리는 여전히 새로운 시도를 두려워합니다.

그러나 사업에서의 새로운 시도는 죽음을 의미하지 않습니다. 오히려 성공의 가능성을 열어주는 기회입니다. "새로운 시도를 했는데 먹히면 좋고, 안 먹히면 말고" 이런 마인드로 가볍게 시도해보세요. 장난으로 하라는 말이 아닙니다. 사업은 확률 게임이기 때문에, 더 오래 지속하려면 가벼운 마음이 필요하다는 뜻입니다.

저도 처음엔 "무조건 성공한다"는 마음으로 시작했습니다. 하지만 그 마음이 오히려 저를 묶어두고, 아무것도 하지 못하게 했습니다. 완벽하게 성공할 정보만 찾으려고 하다 보니, 오히려 실행을 하지 못하는 경우가 많았습니다.

그러니 가벼운 마음으로 시도하세요. 동네 산책하듯

이 자주 시도해보세요. 실패해도 별 타격이 없는 마음으로, 툭툭 던져가며 시도해보세요. 그 실패들이 쌓여 결국엔 성공을 만들어낼 거예요.

★

## 11

# 성공은
# 희생 위에 쌓입니다

성공은 희생 위에 쌓입니다. 이 말은 누구나 공감할 수 있는 진리죠. 하지만 정작 희생이 필요한 순간이 오면, 사람들은 도망칩니다. 그 후에 자책하고, 다시 희생이 필요한 순간에 또 다시 도망치는 패턴을 반복하죠. 이 어쩔 수 없는 패턴은 한 번 만들어지면 쉽게 사라지지 않습니다. 변화는 쉽지 않지만, 이 패턴에서 벗어나는 법을 배우는 것이 성공의 시작입니다.

작은 성공이라도 희생이 필요할 때가 있습니다. 사실, 희생의 크기는 상대적입니다. 누군가는 같은 상황에서 작은 희생으로 목표를 이룰 수 있고, 누군가는 더 큰 희생을 요구 받기도 합니다. 그렇지만 중요한 것은, 진짜로 이루고 싶은 목표가 있다면 그 목표 외의 모든 것을 배제해야 한다는 점입니다. 싹 다 배제해야 합니다. 목표만이 남았을 때, 진짜로 원하는 그 한 가지를 제외한 모든 것을 희생했을 때, 비로소 눈에 보이는 성과가 찾아옵니다. 저 같은 경우에는 오직 한 가지에 몰두하느라 인간관계마저 파국을 맞았을 때, 그제서야 성과가 나왔습니다.

항상 저 하늘을 날고 싶었지만, 극한의 상황까지 몰려 절벽에 떨어지기 직전, 아니, 어쩌면 이미 추락하는 중이었을 때 비로소 날개가 펼쳐졌습니다. 그 순간은 절망이 아니라, 끝까지 버티며 꿈을 지켜낸 제게 온 기회였습니다. 절망이 깊어질수록, 간절함이 커질수록, 반드시 날아오를 순간이 찾아옵니다.

많은 사람들이 연애도 하고, 친구도 만나고, 술도 마시고, 누워서 유튜브도 보면서 성공을 꿈꿉니다. 그런 사람들, 존중합니다. 각자의 행복과 여유를 찾으며 사는 방식은 소중합니다. 하지만, 그런 행동을 하면서도 성공할 수 있다고 말하는 사람들, 그게 참 코미디라고 생각하지 않나요? 성공이란 그렇게 쉽게 얻어지는 것이 아닙니다.

정말 노력했는데 성과가 안 나와서 속상한 사람들, 분명히 존재합니다. 그들에게 묻고 싶습니다. 정말로 목표를 제외한 다른 모든 것들을 배제했나요? 목표를 위해 진심으로 모든 것을 걸어보았나요? 단지 노력했다고 말하기 전에, 자신이 정말 모든 걸 내던졌는지 돌아볼 필요가 있습니다.

성공은 결코 한두 가지를 희생하는 것으로 끝나지 않습니다. 때로는 모든 것을 걸어야 할 순간이 올 겁니다. 그때야말로 진짜 성공을 향한 길목에 서는 것입니다. 눈앞의 유혹을 이겨내고 모든 걸 희생할 결단이 섰을 때, 그 길 위에서 여러분은 진짜 성장할 것입니다.

# 1주일간
# 4,000만 원을 벌었습니다.
# 그런데..

어느덧 고등학교 3학년의 끝자락이 왔습니다. 새로운 생명이 피는 시기도, 지는 시기도 아닌 다소 쌀쌀한 가을. 새롭게 진행한 프로젝트가 제가 세운 가설과 일치해, 1주일간 4,000만 원을 순수익으로 벌었습니다. 비교해서 좋을 것은 전혀 없지만 직장인 분들의 연봉을 1주일 만에 번 것이었습니다. 꽤나 많은 돈을 1주일안에 벌고 난 감정을 정말 솔직하고 담백하게 담아보려고 합니다.

허망합니다. 가설이 맞아 기쁘긴 하지만 이 역시 행복은 아닙니다. 역시 돈과 행복은 직접적으로 연관되어 있지 않은 것 같습니다.

공허합니다. 돈만 좇아왔기에 제 곁에는 돈만 있는 것이 아주 정상이지만, 역설적으로 돈만 있기에 공허합니다.

불안합니다. 이 돈을 어떻게 지키고 이 돈을 어떻게 불리며, 이 돈을 어떻게 현금흐름을 창출하는 사업체로 창조할 수 있을지 생각이 많아집니다. 다소 즐거운 생각이긴 하지만 돈을 지켜야 한다는 생각에 불안하기도 합니다.


감정 자체는 꽤 부정적이긴 합니다. 카페에 앉아서 글을 쓰는 지금, 제 주변에는 다들 사람들끼리 뭉쳐서 이야기와 공부를 '같이' 하고 있습니다. 저 혼자 글을 쓰고 있습니다. 조금 외롭군요.

이제 감정을 빼고 현실을 한번 바라보겠습니다.

4,000만 원은 매우 큰 돈입니다. 이번 가설을 통해 새로운 비즈니스 모델을 만들었습니다. 이는 기존 사업과

매우 큰 곱하기 작용을 할 것입니다.

4,000만 원의 돈을 모두 투자하면 남들보다 10년 이상 일찍 앞질러 갈 수 있습니다. 제가 꿈꾸는 경제적 자유에 한 발자국, 아니 두 발자국을 더 빨리 다가간 것입니다. 결국 투자의 핵심은 '누가 더 빠르게 더 많은 돈을 굴리느냐' 입니다. 이제 저의 자본은 보다 빠르게, 조금 과장하면 기하급수적으로 늘어날 것이고 투자와 사업은 이제 더 빠르게 성장할 것입니다.

사업을 2년간 해보면서 어렴풋이 느꼈던 문장은

"돈자랑은 하면 할수록 인간관계는 박살 나지만 사업은 성장한다." 입니다. 여기서 돈자랑은 무식하게 자랑하는 것이 아닌, 저의 권위를 살려줄 수 있는 돈자랑을 뜻합니다.

성장과 행복, 돈과 인간관계 등 모든 것을 다 잡고 싶은 마음은 굴뚝 같지만 아직 제 그릇이 모든 것을 담지 못하네요. 그래도 마음으론 아직 잡고 싶은 걸 보니, 저도 영락 없는 고3인가 봅니다.

★

# 15

## 포기할 때와 버릴 때를
## 구분하는 방법

이건 사람의 성향과 추구하는 삶의 가치관에 따라 다르기 때문에, 그저 제 경험과 생각을 편하게 작성하는 챕터로 기억되었으면 좋겠습니다. 저의 경험에서는 포기할 때와 버틸 때를 구분하는 방법이 정말 간단했습니다. 그것은 바로 그 길이 제 선택으로 이끌려간 길인지, 혹은 누군가의 가스라이팅에 의해 가는 길인지 판단하는 것이었습니다.

조금 자극적으로 말하자면, 내가 가는 그 길이 부모님의 가스라이팅으로 인해 선택된 것이고, 그 길이 고통만을 준다면 자신의 길을 찾기 위해 부모님조차 배제해야 한다고 생각합니다. 그럴 때는 포기하는 것이 맞다고 생각합니다. 또한 자신이 꿈꾸는 이상이 그 진로를 통해 얻을 수 있는지 판단하는 것도 중요합니다. 꽤 많은 사람이 자신이 살고 싶은 삶과는 반대되는 진로를 선택하는 경우가 많더군요.

포기하지 않아야 할 때는, 그것이 자신이 선택한 길이며 옳다고 판단되는 경우입니다. 당장 내년이 아니라 3년, 10년 뒤를 바라보며 걸어가고 있는 길이라면 포기하지 말아야 합니다. 삶의 방향성은 아무리 강조해도 지나치지 않을 정도로 중요합니다. 방향을 조금만 틀어도 누군가와 엄청난 격차를 만들 수 있기 때문입니다.

여전히 저는 볼품없는 인간 같습니다. 사업을 위해 모든 것을 배제한 건 아니지만, 꽤 많은 것들을 내려놓았습니다. 그렇게 남은 에너지는 전부 사업에 쏟아부었고, 벌어들인 수익도 모두 재투자했습니다. 그 결과, 사업만 남았고 다른 것은 아무것도 없습니다. 그러나 그 모든 것을 바친 사업이 하루아침에 무너진 경험을 두세 번 겪었습니다. 그리고 고3 말, 수능을 앞둔 지금에서야 깨달았습니다. 사업을 위해 제가 존재하는 것이 아니라, 저를 위해 사업이 있다는 사실을요.

어릴 때는 패기 넘치게 모든 것을 걸고 사업에 올인했지만, 결과는 늘 좋지 않았습니다. 이제야 조금씩 깨닫습니다. "사업 소득을 자산으로 바꾸자." 최근 들어 돈이 조금씩 모이기 시작하면서 자본도 조금씩 생겼지만, 여전히 저는 사업이 아니면 아무런 가치가 없는 볼품없는 존재 같습니다.

사실 사업을 시작하게 된 계기도 학업에서의 도피였으니, 절벽 끝에서 시작한 것이나 다름없었네요. 인간관계도 서툴러서 친구도 많지 않습니다. 하하.. 볼품없는 인간이어도 열심히 살아야죠. 남들보다 부족한 능력으로 이제야 평균치, 혹은 평균 이상에 도달했으니, 여기서 안주하지 않고 더 상위로 올라가야 합니다. 20대 중반쯤, 경제적 자유를 이루고 나면, 그때 과거를 회상하며, 손에 잡힌 압박감을 내려놓고 진정한 행복과 여유를 찾을 생각을 해봐야겠죠.

그 20대 중반, 미래의 인생을 위해 저는 어김없이 현재의 인생을 없애고 있습니다.

모두 자신이 옳다고 판단하는 길을 걸었으면 좋겠습니다. 그리고 그 끝에서 만나 뵈면 좋겠습니다.

★

# 그저 계속 앞으로
# 나아갈 뿐입니다

계속해서 일을 합니다. 이 책을 집필하는 것도 제가 하는 일 중 하나일 뿐입니다. 지금도 일 중이네요. 이 책을 마저 다 쓰고 나면 다시 저의 본업인 사업을 할 예정입니다.

언제나 그랬듯이 다시 트렌드를 읽고 시장조사를 하고 제품을 만들어 판매합니다. 그렇게 저의 사업체가 커져갔습니다. 계속 일을 할 겁니다. 저의 은퇴시기는 아직 정해지지 않았습니다. 하지만 은퇴기준은 정해놨는데요.

바로 '월 3,000만 원 수익 자동화' 입니다.

태양광 사업이든 혹은 부동산 월세든, 미국주식 배당주든 어떤 것이든 제가 일을 전혀 하지 않고도 월 수익 3,000만 원을 만들면 전 바로 은퇴할 생각입니다.

다만 이 기준은 언제든 바뀔 수 있다고 생각합니다. 이제야 스무 살을 바라보는 저이지만, 인생에는 정답이 없는 것 같습니다. 제가 살고 싶은 삶은, 주변인들이 금전적으로 문제가 생기면 흔쾌히 도와줄 수 있는 자본과, 제가 일 하지 않고도 제가 원하는 삶을 유지할 수 있는 자동수익입니다.

아.. 쓰다 보니 행복해집니다. 이 책을 읽게 된 이유는 모두 제각각이시겠지만 제 책의 제목은 분명히 대부분의 이목을 집중시켰을 거라 생각합니다.

그 제목의 주인공인 저를 바라보는 시선은 참 다양한데요. 전 야망이 그렇게 큰 사람이 아닙니다. 실은 이 자리까지 오려고, 그리고 더 큰 자리를 위해서 야망을 억지로 키웠다고 생각합니다. 일을 더 열심히 할 수 있게끔 만든 결핍도 마찬가지죠. 결핍 또한 억지로 더 키웠습니다.

★

계속해서 최악의 상황을 가정하고 생각해서 결핍을 키웠습니다. 다만 저의 본성은 "안정적이며 자유로운 삶"을 추구합니다.

언제 어떻게 사고가 날 지 모릅니다. 분명히 목표를 위해서는 행복과 인간관계, 목표를 제외한 모든 것을 배제해야 합니다. 그리고 그 가치관은 매우 현명하고 전략적인 방법입니다. 하지만 언제까지나 그렇게 살 수는 없습니다. 목표를 이루기 위해서 무엇인가를 내려놨듯이 이제 다른 무엇인가를 채우기 위해선 목표를 내려놔야 하는 순간도 올 것입니다. 다만 그 순간을 제 자의로 내려놓고 싶을뿐 입니다.

# 간절한 척
# 하시는 거죠?

간절한 척하시는 거죠? 최대한 간절한 척, 불쌍한 척 할
건 다 하면서 사업하는 방법, 정보 알려줘도 안 하실 거
잖아요. 세상에 사연 없는 사람이 어디 있습니까. 모두가
다 사연이 있어요. 그냥 알려줘도 안 하시잖아요. 콩고물
만 떨어지길 바라는 거 아닙니까? 저도, 간절한 사람들이
제게 목적을 가지고 접근을 해도 '얼마나 간절하면 이러
겠냐..나도 이랬으니 도와줘야겠다' 라며 제 정보를 많이

공유했던 시기가 있습니다. 근데 그 수많은 분 중 지금까지 사업하시는 분들, 별로 없습니다. 그냥 간절한 척하셨던 겁니다. 노력은 남들보다 덜 하고 수입은 남들보다 더 벌려는 것은 저로서는 이해하기 어려운 발상입니다. 남들 일할 때 놀려면 남들 잘 때도 계속 일해서 기반을 쌓아야죠. 기반 쌓는 것도 힘들다고 하면 제가 무엇을 더 해줄 수 있을까요. 최근에 정말 많은 분을 뵙고왔습니다. 집에 빚이 많은 분도 계셨고 정말 상황이 벼랑 끝에 몰린 분도 계셨습니다. 저보다 더 가혹한 환경에서 사업을 시작하신 분들이죠. 저의 상황은 최악이 아니었습니다. 하지만 저의 상황을 계속해서 최악이라고 가정해서 그 상황을 벗어나기 위해 열심히 발버둥 쳤습니다. 그 분들은 상황이 정말 저보다 안 좋았기에 적어도 저랑 비슷하게는 노력하실 줄 알았습니다. 그러나 1주일도 안 돼서 포기하는 분들이 80%였습니다. "죄송합니다. 저랑은 안 맞는 것 같습니다" 이 말을 들을 때 저의 기분은 어땠을 것 같나요? 경쟁자가 줄어서 기뻤냐고요? 정반대였습니다. 현타가 왔습니다. "내가 준 정보만 돈으로 매기면 몇 백~몇 천만 원 단위인데 왜 포기하지??"

의문과 함께 허탈함, 공허함을 느꼈습니다. 그리고 어이가 없었죠. 물론 그분들의 사정도 이해가 안 되는건 아닙니다. 정말 급박한 상황에서 1주~2주는 꽤 긴 시간일수 있습니다. 그 시간동안 시도도 해봤고 짧지만 경험도 해보았겠죠. 그 경험 후 더 좋은 선택지를 찾기 위해 포기라는 이름을 붙여버린 것이겠지요. 남들보다 앞서기 위해서 좋은 정보, 경험, 실력, 운도 물론 중요합니다. 하지만 위에 적힌 것들을 얻기 위해서는 포기하지 않는 노력이, 여러 능력 중에서 단연코 1순위 입니다.

진심을 다해 알려줬지만 진심이 아닌 그들을 보면서 많은 생각이 들었습니다.

그리고 그 생각들의 결론은, '포기만 안 하면 평생 상위 10%에 들 수 있겠다' 였습니다.

★

# 사업을
# 한다는 것은

나지막하게 저의 생각을 읊어봅니다. 사업을 한다는 것
은 기존에 살아왔던 세상을 떠나는 것과 같습니다. 모든
것이 변하게 됩니다.

첫 번째로, 삶의 농도가 바뀝니다. 한순간도 긴장을
놓아선 안 됩니다. 긴장을 놓는 순간, 정말로 치명적인 결
과를 맞이할 수 있습니다. 두 번째로, 가치관이 변하게 됩
니다. 이 과정에서 많은 사람과 자연스럽게 멀어지게 됩

니다. 분명히 내가 맞다고 확신하지만, 저를 제외한 모든 사람들이 저를 이해하지 못할 때가 많습니다. 저를 제외한 모든 이들이 틀렸다고 말할 때, 관계에 균열이 생기고 연락도 점차 끊기게 됩니다. 그리고 그들이 다시 연락을 해오는 순간은, 내가 옳았음을 결과로 증명했을 때 뿐입니다.

이렇게 삶의 농도와 가치관이 변하고 나면, 이제 발버둥 치는 시기가 옵니다. 가능한 한 많은 시도를 해보고, 다양한 방법을 모색하게 됩니다. 자신만의 전략과 노하우가 생기기 전까지 끊임없이 시도합니다. 저보다 더 위에 있는 사람을 만나기 위해 어떻게든 연락을 시도합니다. 만나게 되면 불쌍한 척이나 간절한 척을 하지 않아도 됩니다. 진심으로 노력하고 발버둥을 친다면, 그들은 반드시 그 노력을 알아봅니다. 대부분의 경우, 질문의 수준에서 그 사람의 진심과 노력이 드러나기 마련입니다.

사업의 과정에서 생각나는 것은 이게 전부입니다. 그 후로는 비교적 수월해집니다. 왜냐하면 이제 생존의 단계를 벗어났기 때문입니다. 발버둥 치던 시기는 정말로 힘들었습니다. 솔직히, 그 시기의 기억도 잘 나지 않습니다. '지나고 보니 추억이다'라는 말이 아니라, '지나고 나니 기억이 나지 않는다'가 더 맞는 것 같습니다. 생존에서 성장으로 가는 과정에서는 오로지 일에만 몰두했던 탓인지, 경험과 노하우만 쌓였을 뿐, 그 당시의 세세한 기억은 사라진 듯합니다. 고2 때의 기억은 정말로 삭제된 것처럼 느껴집니다.

그 시절의 저에게는 하루하루가 싸움이었고, 무엇이든 해내야 한다는 간절함 뿐이었습니다. 엄청난 압박감에 숨을 쉬는 것조차 어려웠던 순간도 많았고 피곤해서 쓰러지듯 누워도 '지금 내가 누워있어도 되나' 라는 생각에 쉽게 잠조차 들지 못합니다.

하지만 지나고 나니, 이런 과정을 비교적 빠르게 겪은 것에 대해 '정말 감사하다' 라고 생각합니다. 사업은 결국 나 자신과의 싸움이었고, 어떤 상황에서도 나를 믿는 것이 가장 중요한 일이었으니까요.

발버둥 치는 시기가 지나면, 드디어 성장을 위해 나아가는 단계에 들어섭니다. 이때부터는 조금 더 여유롭게

나의 방향을 정할 수 있고, 배운 것들을 활용할 수 있게 됩니다. 이제는 생존이 아닌, 성장의 길을 걷고 있기 때문에 매 순간의 선택이 더 중요해집니다. 그리고 이 선택들은 이전에 쌓아온 노력과 경험을 바탕으로 더 큰 결과를 만들어냅니다.

사업을 하면서 무엇보다 중요한 것은 스스로의 목표를 잃지 않는 것입니다. 중간에 방향을 잃고 흔들릴 때가 많지만, 그럴 때마다 다시 스스로 목표에 대해 계속해서 생각하고 또 미래에 대해 확신해야 합니다. 이겨내지 못할 것 같은 마음에 목표가 어려워 보이는 것이지, 이겨낼 수 있는 자신감이 있으면 목표를 향해 가는 과정은 절대 벽이 될 수 없습니다.

# 6부

# 김고딩이
# 마지막으로
# 전하고 싶은
# 메시지

# ①

# 권위는
# 삼각김밥 포장지와
# 같습니다

오늘 아침은 평소와 달랐습니다. 집에서 아침을 먹지 않고, 편의점에서 삼각김밥을 사서 학교로 등교했습니다. 고3, 학기말의 이 시기에는 수업 대부분이 자습으로 이루어져 있습니다. 그래서 조용히 복도로 나와 복도 옆에 나란히 놓인 책상에 앉아 삼각김밥을 먹으며, 이 고등학교라는 공간에서 이렇게 글을 쓰고 있는 지금입니다.

문득 '권위'에 대해 생각해보았습니다. 권위란 무엇일

까요? 사전적 정의로는 '가치의 우위성을 공인시키고 영향력을 행사할 수 있는 능력이나 위신'이라 불립니다. 하지만 제가 생각하는 권위의 실체는 조금 다릅니다. 저에게 권위란 '부익부 빈익빈을 지탱하는 멋스러운 포장지' 같은 것입니다. 손에 쥐고 있는 삼각김밥 포장지와 별반 다를 것이 없다고 느낍니다. 겉으로는 그럴듯하게 포장되어 있지만, 실제로는 삼각김밥의 속처럼 그다지 대단하지 않을 수도 있는 것이죠. 권위에 휘둘리지 말아야 합니다.

사실 저 역시 한때는 권위에 많이 휘둘리던 사람이었습니다. 요즘도 가끔은 휘둘리기도 합니다. 저보다 뛰어나신 분들의 말씀은 항상 옳다고 생각했던 적이 많습니다. 하지만 실상을 경험해보니 틀린 말도 정말 많았습니다. 사람들은 "똥인지 된장인지 먹어봐야만 아냐"라고 말하지만, 저는 이렇게 대답하고 싶습니다. "먹어보니 확실히 알겠더라." 막상 똥을 먹어봐도, 그렇게 큰 일은 일어나지 않더군요. 권위에 휘둘려 머리로만 아는 것보다, 때로는 무식하게 시도하고 실패를 경험함으로써 몸이 기억하는 것이 훨씬 더 많은 성장을 가져왔습니다.

이제 와서 생각해보면, 굳이 먹지 않아도 될 똥을 너무 많이 먹어서 혀가 아릿해진 것 같은 기분입니다. 그럼에도 후회는 없습니다. 그 경험들이 결국 저를 성장하게 했으니까요. 권위에 무조건적으로 복종하는 대신, 스스로 부딪히고 깨지며 얻은 배움이 저를 만들어왔다는 것을 느낍니다.

권위란 어쩌면, 우리가 삶을 좀 더 안전하게 그리고 효율적으로 살아가기 위해 만들어낸 기준일지도 모릅니다. 누군가의 경험과 지혜가 모여 권위라는 형태로 우리에게 영향을 미치죠. 그러나 그것이 모든 상황에서 정답이 될 수는 없습니다. 결국 우리의 삶은 우리 스스로가 살아내야 하는 것이고, 스스로의 경험만이 스스로에게 가장 진실된 배움이 되기 때문입니다. 권위는 참고할 수 있는 하나의 도구일 뿐, 우리가 의존해야 할 절대적인 진리는 아닙니다.

고등학교 시절, 저는 참 많은 권위와 마주해야 했습니다. 선생님, 부모님, 사회가 말하는 '옳다'고 하는 것들. 그

중 많은 것들이 실제로 도움이 되었지만, 반대로 저를 제자리걸음하게 만들거나 심지어는 후퇴하게 만든 것도 있었습니다. 결국 저는 제 방식대로 부딪히고 깨지면서, 저만의 길을 걸어왔습니다. 그렇게 무식하게 시도했고, 때로는 실패하면서 얻은 배움이야말로 제 인생에서 가장 큰 자산이 되었습니다.

그래서 저는 오늘도 이렇게 학교 복도에서 삼각김밥을 먹으며 글을 씁니다. 권위에 휘둘리지 않고, 저 스스로 경험하고 느끼며 배워가는 그 길을 걸어 나가기 위해. 그리고 그 길이 아무리 멀고 험해도, 결국 제 스스로 만들어가는 길이기 때문에 후회 없이 걸어갈 수 있을 것이라 믿습니다.

**12**

# 행복을 포기하니
# 수익이 생겼어요
# 계속해도 되는 것일까요?

아마 이런 의문이 드시는 분들은 잘 하시고 계시다는 증거입니다.

대부분의 사람은, 성장을 위해 각오를 하지만 막상 행복을 조금이라도 놓치는 순간이 오면 다시 원래의 관성대로 돌아가기 마련이니까요.

표면적으로는, 결과적으로는 그리고 미래를 위한 관점에서 봤을 때 행복을 포기하고 성장을 추구하는 것은 훌륭합니다. 하지만 저자인 저도 하루에 수십 번, 수백 번씩 계속해서 스스로에게 질문하는 것 중 하나가 이번 챕터의 제목입니다. 오죽했으면 저의 우상인 김승호 회장님을 만나 뵙고 한 유일한 질문이 이와 관련된 질문이었으니 말이죠.

저도 지독한 행복 추구자였습니다. 지금 행복할 수 있게 당장 필요한 일을 미뤄뒀으며 미래가 안보이는 관계가 있다 하더라도 현재가 행복하니 그 관계가 옳다고 생각했고, 그 관계를 이어 나가려 했습니다.

불과 몇 년 전만 하더라도 저는, 학원을 땡땡이 치고 수시로 피시방을 갔습니다. 곧 다가올 미래도 모른 채, 아니 알면서도 부정하며 피시방에서 하루 종일 게임만 하다 엄마가 찾으러 온 적도 있습니다. 정말 부끄러웠죠. (초6~중1)

소위 말하는 양아치 친구들, 질이 낮은 친구들과 어울

★

렸습니다. 그런 친구들과 굳이 만나서 몰려 다녔습니다.

단순히 의리 하나로 뭉쳤던 것입니다. 지금 생각해보면 그저 한심할 따름입니다. (중1)

당시, 이런 경험들을 겪을 때는 저는, 저를 행복 추구자라고 스스로 정의했습니다. 행복하기 위해 인생 사는 것 아니냐고 말이죠. 하지만 사실 그건, 미래와 현실에 대한 도피였습니다. 도피자라고 하는 것보다는 다른 가치를 추구하는 사람이라고 소개하는 것이 더 멋있다고 생각을 했던 것 같습니다.

하지만 그런 모습들을 바꾸고 싶어 그간 스스로에게 계속 고통을 주었기에 성장을 하였고, 또 나 자신이 아닌 다른 사람들에게 계속 고통을 받았기에 그래도 지금의 건강한 가치관이 형성되지 않았나 싶습니다.

제가 추구하는 삶의 가치관은 자유와 행복과 성장이 동반되는 삶입니다. 현재는 행복하지 않아, 그저 은퇴를 빠르게 하려고 돈을 벌고 있습니다. 언젠가, 현재 하는 일이 행복하다고 느낄 때면, 아니, 성장하면서 행복을 느낀다면 이 일은 쭉 하고 싶습니다.

'행복을 포기하니 돈이 생겼어요.'
슬픈 말이고 현실적인 말입니다. 하지만 언제까지 행복을 쫓을 수는 없잖아요.

불교의 경전 화엄경에 나오는 말 중 하나입니다.

**'나무는 꽃을 버려야 열매를 맺고**
**강은 강을 버려야 바다에 이른다.'**

꽃을 버리고 열매를 조금 일찍 맺은 제가, 과거의 저에게 이런 말을 하고 싶습니다.

★

'어차피 버릴 것을 알고 있고, 무엇을 버릴지 예측한다 하더라도 모든 순간이 고통이라고. 추구하는 삶의 가치관을 행복에서 경험으로 바꿔야 비로소 갈피를 잡을 수 있다고.

그래야 행복이 없는 성장을 겪더라도 버틸 수 있다고.'

라고 말이죠.

전 지금도 이 챕터를 쓰면서 계속해서 답을 찾는 중입니다. 언젠가, 꼭 언젠가는 성장과 행복이 동반되었으면 좋겠네요.

# 지금 성장중인
# 당신을 위해

여러분이 지금 성장하고 있길 바랍니다. 과거의 성장이 아닌, 또한 미래의 성장이 아닌, 바로 지금, 이 순간에 성장 중이길 바랍니다. 이 글을 여기까지 읽었다면, 여러분에게는 반드시 성장해야 할 이유가 있을 겁니다. 가족을 위한 책임감이든, 생존을 위한 몸부림이든 그 이유는 사실 중요하지 않습니다. 여러분이 여기까지 읽었다는 사실만으로도 충분히 의미 있는 시작입니다. 제 의견에 반박하고, 공감하고, 배우려는 자세로 읽어준 것만으로도 저는 진심으로 고맙습니다.

사실, 저도 많이 부족한 사람입니다. 미성숙한 18살 고등학생이고, 감정에 쉽게 휘둘립니다. 집안이 금수저도 아니고, 사업을 밀어주는 분위기 또한 아니었습니다. 지금도 뒤에서 좋지 않은 이야기가 들리며, 단지 돈을 조금 벌었다는 이유로 불특정 다수의 질투와, 시기를 받기도 합니다. 고등학교 3학년이 되면서는 학교에서 혼자 밥을 먹는 시간이 많아졌지만, 이제는 그 혼자라는 시간이 더 편해졌습니다.

저 역시 동기부여 영상을 보며 막연히 성공을 꿈꾸던 시절이 있었습니다. 성과가 나오기 전에는 늘 무시를 받았습니다. 학교라는 사회에서는 공부가 아닌, 사업을 하려는 제가 그저 이방인이었기 때문이죠. 하지만, 저는 해냈습니다. 중요한 것은 몇 천만 원을 벌었는지, 몇 억 원을 벌었는지가 아닙니다. 스스로 이루지 못할 것 같은 목표를 세우고, 그 목표를 이뤄냈다는 것이 중요합니다. 그거면 충분합니다.

여러분도 스스로 세운 까마득한 목표가 있지 않습니까? 그 목표를 이루길 진심으로 바랍니다. 여러분보다 더 부족한 저도 해냈으니, 여러분도 분명히 할 수 있습니다. 여러분을 바라보는 많은 이들이 있습니다. 여러분은 사랑하는 부모님의 마지막 희망입니다. 그리고 지금 이 시점이, 벼랑 끝에 몰린 마지막 기회의 시간일 수도 있습니다. 그래서 여러분은 반드시 해내야 합니다. 그리고 지금 성장 중이어야 합니다.

★

# 이제
# 징징거리지 맙시다

이제 징징거리지 맙시다. 이제는 혼자, 스스로 서야 합니다. 막막한 세상에서 홀로 살아가야 합니다. 다행히, 정말 다행히 저는 최근에야 갈피를 조금 잡았습니다. 그 갈피를 잡기까지 거의 2년 가까운 시간이 걸렸네요. 홀로 서기를 결심한 여러분이 갈피를 잡기까지 한 달이 걸릴지, 2년이 걸릴지, 혹은 그 이상일지는 저도 잘 모르겠습니다. 이미 저보다 앞서 나무를 굳건히 세운 분들도 계실 것이고, 이제 막 뿌리를 내려 갈피를 잡으려는 분들도 계실 겁니다.

홀로 서기를 결심했다면, 이제 더 이상 징징거려서는 안 됩니다. 누군가가 도와줘야만 다시 일어설 수 있는 환경은 이제 떠나 보내야만 합니다. 결과가 나올 때까지, 갈피를 잡을 때까지 감정을 잠시 내려놓고, 일하는 로봇이 되었다고 생각하는 것이 좋다고 생각합니다. 위에서 언급했듯, 현재의 고통은 그냥 당연하게 감내합시다. 제가 참 어리석게도, '중용'을 지키며 성장해본 적이 없어서... 제 기준에서는 현재를 과감히 버리는 것만이 정답이라고 느꼈습니다.

징징거리지 맙시다. 이 책을 읽는 여러분도 저와 마찬가지로, 반드시 성공을 해야 하는 이유가 있지 않나요? 여러분은 지금의 여정 속에서의 고난 때문에 성공을 포기할 사람이 아닙니다. 지금의 시련이 1년 후 누구보다 화려한 꽃을 피울 것이라는 것을 여러분 스스로 알고 있으며, 이런 과정을 3년간 반복하면 남들과 엄청난 격차를 만들 수 있다는 사실도 알고 있습니다.

★

저의 고등학교 타임라인을 간단히 적어 보겠습니다.

고1: 갈피를 잡지 못했습니다. 방향성도 불명확했고, 남들과 다른 길을 걷고 있었지만 결과가 나오지 않아 항상 불안하고 압박감을 느꼈습니다.

고2: 여전히 힘들었습니다. 다행스럽게도, 아니 어쩌면 당연하게도 저는 작은 꽃을 피웠습니다. 크고 화려한 꽃은 아니었지만, 그저 저에게 맞는 시기에 맞게 저의 꽃을 피웠습니다.

고3: 이제는 굳건히 뿌리를 내리고 있습니다. 그간의 시련을 겪으며 사업도, 인간관계도 무너뜨려 봤기에 내성이 생긴 듯합니다. 내성이 생기니 크고 작은 문제에 쉽게 흔들리지 않게 되었고, 이제는 더 단단한 나무가 되기 위해 계속 뿌리를 내리고 있습니다.

결국 모든 힘든 순간들은 다 지나가더군요. 힘들 때마다 "지금은 회복하는 중이다"라고 주문처럼 외웠던 문장이 이제는 현실이 되었습니다. 만약 힘들 때마다 징징거렸다면, 중간에 누군가의 위로에 기대어 포기했을지도 모릅니다. 그들의 "충분히 잘하고 있다"라는 위로는 나아가려는 사람을 죽이는 말입니다.

　힘들었던 순간을 덤덤하게 이야기할 수 있는 시기가 오면, 그때 그 과정을 차분히, 그리고 여유 있게 설명하는 것이 가장 바람직하다고 생각합니다.

★

# 반드시 성공해야 하는
# 당신을 위해

글이 이제 막바지에 다 다르네요. 글을 쓰면서 제 자신을 계속해서 돌아봤습니다. 그리고 그 모든 순간에서 정말 많은 감정을 느꼈습니다. 사업을 하면서 저를 돌볼 새도 없이 계속 달렸거든요. 사실 이 글을 쓰면서도 계속해서 압박감을 느끼곤 합니다. 하지만 압박감 외에도 글을 쓸 때는 아주 다양한 감정을 느꼈습니다. 과거의 저에 대한 연민부터, 글을 쓰면서 억지로 상기시킨 외로움, 무시, 질투, 불안함, 두려움 등 다양한 감정을 상기시켰습니다. 그 많은 감정 중에서 저를 가장 힘들게 했던 감정은 외로움이라고 할 수 있겠습니다. 다른 감정은 시간이 지날수록 희석되어 가지만 외로움은 유독 짙어져 가는 것 같습니다. 그간 고생이 많았네요. 다시 미래를 향해 현재를 고통스럽게 성장시켜 보아야겠습니다.

성공으로 향해 가는 여정은 몹시도 힘듭니다.

사업을 첫 시작하고 유의미한 성과가 나오기까지 그 시기속에서 무수히 많은 무시와 비웃음, 스스로에 대한 믿음을 허락하기까지 몹시도 힘들었습니다.

사업이 어느정도 궤도에 오르면 그 궤도를 유지하느라 대부분을 포기해야 합니다. 주변사람과의 관계, 건강, 행복, 자유, 스스로에 대한 관리까지 사업 외에 모든 것을 포기해야 하니 그 역시 몹시도 힘듭니다. 쓰다 보니, 사업을 하는 모든 순간이 힘들었다는 것을 다시 한번 깨닫습니다. 그러나 이런 역경 속에도 어떤 이는 꽃을 피웁니다. 봄에 피는 꽃이 있으면 겨울에도 피는 꽃이 있기 마련입니다. 저는 여러분이 사업이라는 혹독한 겨울속에서 피는 꽃이길 간절히 바랄 뿐입니다. 저 또한 이런 고난을 알고 사업을 시작한 것은 아닙니다. 하지만, 정말 힘들고 앞이 보이지 않을 때마다 저는 분명 포기하거나 다른 길로 방향을 틀 수 있었습니다. 그래도 포기하지 않고 꿋꿋이 나아갔고, 그 기간이 뿌리를 내리듯 지금의 저는 작지만 강한 꽃을 피운 것 같습니다.

저는 단 한 번도 사업을 선택하고 시작한 것에 대해서 후회를 느껴본 적이 없습니다.

사실 저는 감정을 잘 드러내지는 않습니다. 정확히 얘기하면, 저의 어떤 상황이나 사정, 그리고 힘든 점을 굳이 밝히는 타입이 아닙니다. 불특정 다수 중 한 분인 여러분이지만 그래도 저라는 사람을 통해 조금이나마 동기를 얻고 야망을 얻는다면 전 그걸로도 충분합니다. 동기를 조금이라도 더 주기 위해 숨겨놓은 감정을 많이 꺼냈습니다.

여기까지 평범한 고등학생, 김주혁이라는 사람의 삶

을 들여다봤습니다. 마지막에는 조금 우울한 이야기가 있지만 그럼에도 불구하고 반드시 성공해야 하는 사람은 있습니다. 그 사람이 꼭 여러분이길 진심으로 바랍니다. 지금의 행복과 안정은 포기하고, 5년 뒤에 스스로와 주변인을 책임질 수 있는 어른이 된 후, 만나서 당신의 이야기를 듣고 싶습니다. 이 책을 읽은 여러분은 어떤 사람인가요? 여기까지 제 이야기를 들어주셔서 진심으로 감사합니다. 이 책을 쓰면서, 제 너저분했던 생각들이 깔끔하게 정리되었습니다.

세상은 참 불공평합니다. 노력만으로는 인맥과 자본의 힘을 가진 사람들을 이길 수 없습니다. 그래서 제 가치관 하나가 생겼습니다. "효율적인 노력을 늘 고민하고 실천하는 사람들은 반드시 보상 받아야 한다." 이게 제 믿음 중 하나입니다. 여러분도 반드시 효율적인 노력을 고민하고 실천하셔서, 사업이든 학업이든 예체능이든, 꼭 보상 받길 바랍니다.

여러분은 이 자본주의 세상에서 상위 1%로 살아남을 수 있으신가요? 아니, 이제 막 걸음마를 뗀 저부터 이 세상에서 살아남을 수 있을지 끊임없이 고민해야겠네요. 그래도, 이 책을 끝까지 읽은 여러분이라면, 자본주의와 성공의 방향성을 어느 정도는 이해하셨을 거라 믿습니다.

군이 제 길을 따라오지 않아도 됩니다. 세상에는 다양한 길과 지식이 있습니다. 제가 원하는 것은 여러분은 반드시, 여러분 스스로의 길을 걷기를 바랄 뿐입니다. 세상은 여러분의 성공을 계속해서 방해할 것입니다. 하지만 여러분이 성공하길 간절히 바라는 사람은 어디든 꼭 존재합니다.

자신의 길을 걷는 건 외롭고 힘듭니다. 하지만, 부족한 저도 해냈습니다.

여러분도 해낼 수 있습니다. 아니, 해낼 거라 확신합니다.

감사합니다.

김고딩(김주혁)

★

# 저는 수능을 포기하고
# 한 달에 4천만 원을 버는 고3입니다

ⓒ김고딩

**초판 1쇄 인쇄 | 2024년 12월 13일**

| | |
|---|---|
| **지은이** | 김고딩 |
| **편집인** | 김진호 |
| **디자인** | ziwan |
| **마케팅** | 든해 |
| **펴낸곳** | 든해 |
| **ISBN** | 979-11-990158-2-1(03190) |
| **이메일** | emsgo2024@gmail.com |